Vivir por Fe

Del Pastor **J. Antonio Massi**

Para:_____

Vivir por Fe

Viviendo sobre los pronósticos de la vida

J. Antonio Massi

Número de Control de la Biblioteca del Congreso de EE. UU.:   2016916447
ISBN: Tapa Blanda   978-1-5065-1688-2
                          Libro Electrónico   978-1-5065-1687-5

Información de la imprenta disponible en la última página.

Fecha de revisión: 06/10/2016

Para realizar pedidos de este libro, contacte con:
Palibrio
1663 Liberty Drive
Suite 200
Bloomington, IN 47403
Gratis desde EE. UU. al 877.407.5847
Gratis desde México al 01.800.288.2243
Gratis desde España al 900.866.949
Desde otro país al +1.812.671.9757
Fax: 01.812.355.1576
ventas@palibrio.com
750663

Índice

Introducción

La motivación de escribir este nuevo libro nace de los resultados obtenidos en nuestro andar de vida cristiana. Es nuestra experiencia después de muchos años de trabajar en el ministerio Cristiano y pastoral, que el vivir por las promesas de Dios nos ha permitido obtener resultados, que desde el punto de vista de la lógica o de los sentidos no había ninguna esperanza de poder lograrlos. Lo hemos visto en casos de decisiones en el área espiritual, también en el área de la salud, lo hemos experimentado en el área económica, en nuestro matrimonio y también en respuestas a nuestras oraciones en el trabajo ministerial. Aun estamos en espera de otras respuestas del Señor para otras peticiones que tenemos ante su presencia, pero estamos confiados que de la misma manera que hemos visto su intervención en las casos ya resueltos, lo veremos también en los que estamos esperando y creyendo, si Dios ha hecho un milagro él puede hacerlo otra vez. Y ese es el propósito de este libro, que usted pueda ser testigo de los resultados de "Vivir por Fe"; y entiendo que si usted ha tomado este libro en sus manos para leerlo, es porque dentro de su ser hay un interés de ver cumplidos sus anhelos más profundos que están en su corazón. Le animo a que lo lea con expectativas de recibir de Dios respuestas basadas en sus promesas y que se prepare para ver cómo nosotros los resultados de lo que estamos creyendo, recuerde que Dios ha prometido que El galardona, que el premia, a los que le creen (Heb. 11:6)

Vivir por Fe es un desafío en una sociedad que está basada en la lógica, que sólo puede creer lo que los sentidos le transmiten, y eso es entendible, pues el ser humano sin el conocimiento de las verdades espirituales no le queda más alternativa que vivir por las circunstancias y así mismo serán sus resultados, pues al escuchar de un médico unas palabras como "ya no podemos hacer nada por usted" o algo como "hemos hecho todo lo posible pero la enfermedad continúa avanzando", entonces allí se acaba toda esperanza para ellos y no le queda más que prepararse para una muerte segura y sin convicciones firmes de que va a suceder después de la muerte y además sin haber planeado su eternidad; más para los que vivimos no por circunstancias sino por la fe, sabemos y estamos totalmente convencidos que Nuestro Dios Todopoderoso tiene la última palabra, sabemos que para El no hay enfermedad incurable, que no hay puerta cerrada que él no pueda abrir, no hay situación que El no pueda cambiar pues para Dios no hay nada imposible. Así que prepárese para recibir una enseñanza de la Palabra de Dios escrita, La Biblia, como su manual de instrucciones para llevarla a su vida diaria y entonces podrá experimentar el poder de Dios obrando a favor de usted y de los suyos. Recuerde "nada hay imposible para Dios"

J. Antonio Massi
Dover, Florida USA
Septiembre 2016

Agradecimientos

Después de haber escrito los dos libros anteriores, Un Misterio llamado Matrimonio y Guía Proverbial de Sabiduría (GPS) quiero agradecerle a mi Señor y Salvador Jesucristo el permitirme escribir este tercer libro VIVIR POR FE, ya que lo que aquí escribo lo he sido recibido de Él, y estoy convencido que vivir sin Dios es vivir incompleto. Al Señor mi Dios: Gracias por revelarte a mi vida!

Le agradezco a mi compañera de vida, a mi esposa Yajaira, en esta larga jornada con altas y bajas, con momentos de disfrute total y también con momentos de fracasos, por estar allí y mostrarme con hechos y palabras, que somos tú y yo solos, dependiendo de Dios en todos los momentos de nuestra vida matrimonial. Yajaira, muchas gracias por todo lo que te has negado para estar conmigo, apoyándome en lo que ha sido mi asignación de parte de Dios. Tú sabes cuánto te amo. TE AMO y te lo escribo aquí en público de la misma manera como lo hago en privado, cuando solo estamos tú yo. (bueno aquí, un poco menos), tú sabes cuánto te amo, mi negra.

Agradezco a mis dos hijos por su entendimiento y por su tolerancia de permitir que el tiempo que les pertenece a ellos como hijos, ha sido compartido a personas que han necesitado de nuestra ayuda, consejo, apoyo y de enseñanza para lograr salir de sus crisis de vida.

Y mi agradecimiento a ustedes lectores, a mis compañeros de ministerio, a los pastores quienes nos invitan a compartir con su congregación los conocimientos y experiencias que hemos vivido y que seguimos experimentando, gracias a todos por su apoyo al comprar los dos libros anteriores y dejarme saber que ha sido útil para sus necesidades, créanme que les estoy agradecido, pues no hay mayor satisfacción que poder enseñar verdades que les sean útiles a las personas. De nuevo gracias por comprar mis libros, y espero recibir los mismos resultados de este que ahora tienen en sus manos, mi tercer libro VIVIR POR FE.

Que los Cielos sean abiertos sobre sus peticiones.

Prólogo

El Pastor J. A. Massi ha sido un líder destacado en los pulpitos y medios de comunicación. Junto a su familia han sido un equipo muy inspirador para todo aquellos que los conocen. Junto a su esposa han desarrollado un ministerio efectivo hacia la familia. Miles han sido ministrados, relaciones de matrimonios han sido sanadas, familias han sido revitalizadas. En fin, nuestro compañero tiene un ministerio muy poderoso. Adicional tiene el don de ser amigo y la humildad de buscar consejos y seguirlos. La inteligencia emocional y espiritualidad contagiosa hacen de nuestro autor un hombre que vale la pena escuchar y aun mas leer.

Cuando empecé esta lectura pensé que iba a leer un libro sobre el tema de familia, la especialización de la casa, pero no fue así. Este es un libro sobre la fe. Muy sabiamente el escritor nos está llevando a explicar la fe, no de una forma teológica si no de una forma práctica. Esto no quiere decir que este contenido no sea profundo, todo lo contrario, hay gran profundidad y teología practica en esta lectura. La forma en que el autor presenta la fe es para que todo el mundo la pueda entender. Este es un libro para que el laico común lo entienda y lo pueda practicar. Para que la vida de cualquier persona pueda entrar a lo sobrenatural de Dios a través de la fe.

Puede ser que hayas leído mucho sobre la fe, pero te recomiendo este libro. Va a marcar tu vida y tu espiritualidad. Vas a sentir un reto en tu vida y cuando finalices no serás la misma persona. La verdad bíblica es esta, "sin fe es imposible agradar a Dios."

HAY QUE VIVIR POR FE.

Dr. Angel Marcial E.

Obispo Región Sureste Hispana

Conozco al Pastor Antonio Massi por más de 10 años y soy testigo de como Dios lo usa junto a su amada esposa con todas las herramientas de la experiencia y del conocimiento en la vida cristiana que él posee. Cada vez que he tenido el honor de estar en sus conferencias, no tan solo lo escucho a él, sino que puedo observar como las familias reciben a este gran hombre de Dios y la aceptación e integridad en su Ministerio es extraordinaria.

Sin lugar a dudas, se que este libro es un pasaporte al éxito de todo aquel que lo lea.

Roberto Orellana, cantante y pastor.

Capítulo Uno

Definición de Fe.

Aquí comenzamos nuestro reto de vivir por fe y para ello necesitamos definir lo que es fe. Pienso que es muy importante tener un concepto claro de fe para poder alcanzar los resultados deseados. Antes de dar una definición quiero compartir la experiencia que he tenido con muchos creyentes cristianos cuando se les pregunta el concepto de fe. Algunos se quedan pensando sin dar ninguna respuesta, otros solo dicen que fe es creer y otros repiten el concepto teológico que se encuentra en el libro de Hebreos capítulo once versículo uno "es pues la fe la certeza de lo que se espera y la convicción de lo que no se ve" por la fe "entendemos que lo existe fue hecho de lo que no se veía" y ese último concepto es correcto y bíblico pero he notado que se puede decir de memoria y aún así no poder entender claramente lo que es fe. Esas palabras que citamos del libro de Hebreos capítulo once son incomprensibles y confusas para muchos pues no son palabras de nuestro hablar cotidiano y es allí donde notamos que es importante definir la fe en palabras más sencillas.

De manera que para ayudarle a tener un concepto de fe que sea más fácil para usted quiero definir fe así: "Fe es creer lo que no vemos y vivir por lo que no percibimos a través de los sentidos". Así defino yo la fe de una manera práctica, partiendo del concepto teológico del libro de Hebreos capítulo once, que dice que es "certeza de lo que se espera" y nos dice que es "conviccion de lo que no se ve" entonces fe es creer con seguridad lo que mis ojos no están viendo, esperando De Dios lo que con mis oídos no escucho y aún esperando lo contrario a lo que estoy sintiendo. Por eso es que hablar de fe es un reto, por qué se sale de lo natural, del mundo de la lógica, se sale de la atmósfera del vivir por lo que vemos, es salirse del vivir sólo de lo negativo que oímos y del síntoma negativo que experimentamos y creer que Dios es Todopoderoso para hacer las cosas mejor de lo que nosotros pedimos o entendemos.

Al entender este concepto de fe entonces nosotros sabemos que es algo extraño e incomprensible para muchos, pues al decir que estás viviendo por fe y no por los sentidos, corres el riesgo de ser criticado y burlado por lo que viven en el mundo de lo natural.

Yo le animo a usted que tome esta definición de fe: "creer en lo que no veo y vivir por lo que no percibimos a través de los sentidos" y entonces oré a Dios pidiéndole que fortalezca su vida para vivir en esa dimensión y entonces poder ser testigos a otros que el "vivir por fe" es una opción en medio de tanta confusión e incertidumbre, y le puedo testificar por nuestra vida y la vida de muchos que hemos conocidos en nuestro trabajo ministerial, que Dios actúa a favor de los que le creen y confían en El, en medio de los panoramas más difíciles.

Créale a Dios a pesar de lo que las circunstancias le están diciendo, ahora mientras lee este libro, crea en el poder de Dios sobre usted a pesar de lo que está sintiendo y diga en voz audible "que para Dios nada es imposible" Eso es fe, creer lo contrario a lo que está viendo y sintiendo, amparados por lo que Dios nos ha prometido en su Palabra.

Capítulo Dos

Cosmovisión de la Fe.

Una palabra que se ha oído mucho en seminarios, congresos y reuniones masivas de cristianos es la palabra cosmovisión. La palabra cosmovisión en el griego es una palabra conformada por la palabra "cosmos" mundo y la palabra "Visión" de ver, entonces podemos decir que cosmovisión es la visión del mundo, y de ahí podemos hablar entonces de la visión del mundo de la fe.

Para poder tener una base cierta de cosmovisión de la fe, debemos ir al manual de instrucciones de la vida de fe que es La Biblia, La Palabra de Dios. Al mirar la visión del mundo según La Biblia, vemos que Dios ve al mundo dividido en dos grupos, ahora quiero que sepa que nosotros los seres humanos los hemos dividido en tantos grupos, que se nos complica la vida tratando de entender a quienes se refiere, nosotros los dividimos entre hispanos, anglos, asiáticos, por niveles económicos, ricos, pobres, clase media, en niveles académicos, profesionales, técnicos, básicos y analfabetas, y bueno paremos de contar y eso sin mencionar las subdivisiones que tiene cada grupo; ahora cuando vamos a la Biblia observo que Dios ve a los seres humanos en dos grandes grupos, ellos son, los que le creen a Él y los que no le creen, a los que no le creen y quieren vivir su vida sin tomar en cuenta las instrucciones de su Palabra, los llama impíos y a los que le creen y quieren vivir para Él les llama justos. Ahora es importante que veamos que se nos llama justos, no perfectos, somos llamados justos por el acto de justificación que pagó Jesucristo a través de su sacrificio.

Quiero que me acompañe a leer este pasaje de la Sagradas Escrituras en el capítulo uno versículos del 1 al 6 del libro de los Salmos:

«Bienaventurado el varón que no anduvo en consejo de malos, Ni estuvo en camino de pecadores, Ni en silla de escarnecedores se ha sentado; Sino que en la ley de Jehová está su delicia, Y en su ley medita de día y de noche. Será como árbol plantado junto a corrientes de aguas, Que da su fruto en su tiempo, Y su hoja no cae; Y todo lo que hace, prosperará. No así los malos, Que son como el tamo que arrebata el viento. Por tanto, no se levantarán los malos en el juicio, Ni los pecadores en la congregación de los justos. Porque Jehová conoce el camino de los justos; Mas la senda de los malos perecerá.» Salmos 1:1–6 RVR1960

Si lo leyó con atención pudo ver que allí está describiendo el estilo de vida de esos dos diferentes grupos, los impíos o malos y los justos. Dios nos dice que el justo vive diferente al impío, pues el impío vive "como el tamo que arrebata el viento" es decir no tiene estabilidad, vive solo por las circunstancias de su entorno, y para donde sopla el viento para allá se dirige y eso le lleva a vivir en temor, sin destino definido, la nueva versión internacional lo define como paja inútil que esparce el viento, y es por eso que el ser humano sin Dios está incompleto, pues camina solo en lo temporal, en lo terrenal y todo eso es pasajero. Ahora vea lo que Dios dice sobre el justo, dice que su estilo de vida es diferente, lo que lo hace diferente es porque no vive por las circunstancias que están a su alrededor, sino que el justo vive por fe. Esa es la demanda de Dios para el justo, vivir diferente, no vivir por los conceptos de una sociedad anti-Dios, engreída, que cree que puedo vivir a mi manera, sin tener en cuenta a Dios, y que todo va a estar bien. Veamos estos pasajes bíblicos escritos para el estilo de vida del justo.

«Mas el justo vivirá por fe; Y si retrocediere, no agradará a mi alma.» Hebreos 10:38 RVR1960

«He aquí que aquel cuya alma no es recta, se enorgullece; mas el justo por su fe vivirá.» Habacuc 2:4 RVR1960

«Porque en el evangelio la justicia de Dios se revela por fe y para fe, como está escrito: Mas el justo por la fe vivirá.» Romanos 1:17 RVR1960

La hermenéutica es la ciencia bíblica que se encarga del estudio y de la interpretación del texto bíblico. Una de las reglas de la hermenéutica dice que la repetición de un pasaje en las Sagradas Escrituras nos muestra que debemos darle un alto nivel de importancia, y que todo pasaje o texto que se repita a lo largo de la Biblia debe ser considerado de importancia especial, y si usted ha leído los pasajes bíblicos arriba mencionados puede descubrir que en tres textos de libros diferentes de La Biblia encontramos la declaración de que "el justo por su fe vivirá". Entonces aplicando la regla de interpretación de la Hermenéutica debemos darle un alto nivel de importancia a esta orden del Señor, cuando dice que los justos no viven como los impíos, los justos viven por fe. Usted es justo como ya le mencioné antes, por qué ha recibido a Jesucristo como su único y suficiente salvador, debido a esa decisión usted es declarado justo por la fe.

«Justificados, pues, por la fe, tenemos paz para con Dios por medio de nuestro Señor Jesucristo;» Romanos 5:1 RVR1960.

Así que usted es declarado justo porque ha sido justificado por la fe en Jesucristo y entonces su estilo de vivir, ahora es por fe.

Dios le ve a usted como parte del grupo de personas que según el Salmo 1 tiene resultados diferentes a los impíos, observe esto que se dice de los justos, "que son como árbol plantado junto a corrientes de agua, que da su fruto a su tiempo, que su hoja no cae y todo lo que hace prosperará". Esa es la visión de Dios de la vida del justo, del que vive por fe, del que medita de día y de noche en la Palabra de Dios, de aquel que no vive por pronósticos de supuestos expertos, que no creen que Dios es el creador de todas las cosas, que rige el universo y está en el control de todo lo creado, nosotros vivimos por promesas de Dios y no por esos pronósticos.

Así que quiero terminar este capítulo pidiéndole que usted se prepare a vivir por fe en todas las áreas de su vida, usted es justo, usted le cree a Dios, y usted tendrá los resultados que

Dios le ha prometido. Repita las palabras del Salmo 1, "soy como árbol plantado junto a corrientes de agua, repítalo, estoy plantado, estoy plantado" eso indica estabilidad, vivo por convicciones, repita "doy mi fruto a mi tiempo y todo lo que hago va a prosperar". Yo vivo como Dios me dice que viva, yo vivo por fe.

Capítulo Tres

Los enemigos del vivir por Fe.

En nuestra sociedad diariamente estamos bombardeados de una gran cantidad de información que puede intoxicarnos sino tenemos la preparación para enfrentar todos los dardos que vienen en contra de nuestra vida de fe, el apóstol San Pablo escribe sobre esto diciendo: Sobre todo, tomad el escudo de la fe, con que podáis apagar todos los dardos de fuego del maligno.» Efesios 6:16 RVC 1960

Es importante que nos concentremos en las palabras del apóstol cuando nos pide que tomemos el escudo de la fe. Un escudo es un arma defensiva mientras que un dardo es un arma ofensiva, dicho en otras palabras para hacerlo más comprensible, un dardo es lanzado contra usted para dañarlo, viene directamente para clavarse en su cuerpo, entonces usted tiene un arma para defenderse, para cubrirse, es el escudo de la fe. Así que, allí vemos que la fe es presentada como un escudo, un arma hecha para defenderse de los ataques del enemigo. Al ver esa descripción de la fe como un escudo, entonces entiendo que la fe

es atacada, para llevarla a debilitarse, recuerde que el vivir por fe
le va a traer el cumplimiento de las promesas de Dios hechas a su
vida, entonces el trabajo del maligno, como lo describe el escritor
a la carta a los Efesios capítulo 6 que ya leímos, es doblegar su fe
para que la duda domine sus pensamientos y entonces llevarlo a
actuar de manera opuesta a lo que usted está creyendo. Le voy
a poner ejemplos para explicarme mejor, usted está tomando la
decisión de vivir por fe, que es vivir creyendo lo que el Señor nos
ha prometido, El nos ha dicho en su Palabra que Él es nuestro
sanador, leamos estos textos bíblicos:

«y dijo: Si oyeres atentamente la voz de Jehová tu Dios,
e hicieres lo recto delante de sus ojos, y dieres oído a sus
mandamientos, y guardares todos sus estatutos, ninguna
enfermedad de las que envié a los egipcios te enviaré a ti;
porque yo soy Jehová tu sanador.» Éxodo 15:26 RVR1960

«Y la oración de fe salvará al enfermo, y el Señor lo levantará;
y si hubiere cometido pecados, le serán perdonados.» Santiago
5:15 RVR1960

«Ciertamente llevó él nuestras enfermedades, y sufrió nuestros
dolores; y nosotros le tuvimos por azotado, por herido de Dios y
abatido.» Isaías 53:4 RVR1960

«quien llevó él mismo nuestros pecados en su cuerpo sobre el
madero, para que nosotros, estando muertos a los pecados,
vivamos a la justicia; y por cuya herida fuisteis sanados.» 1
Pedro 2:24 RVR1960

Todos estos textos que hemos leído de las Sagradas Escrituras
nos están diciendo que Dios tiene el Poder para sanar toda

enfermedad, nos dice que el promete sanar al enfermo por la oración de fe, de manera que al leerlos no nos queda ninguna duda que su Palabra nos está hablando que el Señor está presente en medio de la enfermedad y que por el sacrificio de Jesucristo en la cruz nos da el beneficio de recibir ese derecho legal de ser sanados. Ahora veamos cómo aparecen los enemigos de la fe, usted está orando por la sanidad Divina ofrecida en La Biblia y se lo dice a alguien que está con usted, entonces esa persona al escucharlo le responde: "ten cuidado, porque a mi tía le diagnosticaron esa misma enfermedad y en tres meses se la comió"... y zuaz! allí le lanzan ese dardo en contra de su vida de fe y si no lo detiene, penetra en su mente y entonces sus pensamientos se llenan de temor por las palabras escuchadas y se comienza a agrandar el síntoma y luego ese mismo temor le lleva a dudar de la sanidad que Dios le ha prometido. Entonces al acostarse esa noche comienza a recordar que de eso se murió la tía de su amiga, que así murió el papá de fulano y la hermana de zutana y de eso me iré yo a morir, y ese dardo le roba horas de sueño, el síntoma se hace más intenso y ya comienza a preparar mentalmente su funeral. Que fue lo que ocurrió? Que nuestro ser espiritual a través de los sentidos que nos comunican con el mundo exterior acaba de recibir una información contraria a nuestra vida de fe y entonces le creemos más a lo que nos transmiten los sentidos que a lo que Dios no ha prometido.

Los medios de comunicación son usados muchas veces a través de los programas televisivos a dudar de las promesas de Dios, un titular aparece diciendo "estudios recientes han demostrado que la fe es un engaño" o tal vez usted escucha esto: "expertos en economía mundial nos dicen que en los próximos meses habrá pérdidas de empleos masivos" y allí está un dardo en contra de nuestro vivir por fe. Las palabras "expertos o estudios recientes" suenan con tanta fuerza que las tomamos como un hecho y entonces el desánimo y la preocupación hacen su aparición en gente llamada por Dios a vivir por fe.

Vivir por fe no es fácil, pues siempre que recibes una palabra de fe para ti, tendrás que prepararte para un ataque despiadado para robarte esa palabra de tu corazón. Cuando Jesús fue bautizado, la Biblia nos dice que el Padre habló desde el cielo dando evidencia de que Jesús era el Hijo de Dios.

«Mientras él aún hablaba, una nube de luz los cubrió; y he aquí una voz desde la nube, que decía: Éste es mi Hijo amado, en quien tengo complacencia; a él oíd.» Mateo 17:5 RVR1960.

Ahora quiero que preste atención a lo que sucedió después de que el Padre dijo esas palabras, quiero que las leamos tal y como quedaron registradas en el Evangelio según San Mateo.

«Entonces Jesús fue llevado por el Espíritu al desierto, para ser tentado por el diablo.

Y vino a él el tentador, y le dijo: Si eres Hijo de Dios, di que estas piedras se conviertan en pan.» Mateo 4:1, 3 RVR1960

Vio lo que sucedió? Nos dice que fue llevado por el Espíritu al desierto para ser tentado por el diablo, después de escuchar del Padre tú eres mi Hijo amado en ti tengo complacencia. Prestemos atención al ataque del enemigo en contra de Jesús, nos dice el evangelista Mateo que vino el tentador, es decir el maligno, el enemigo del vivir por fe, y le dijo: "si eres Hijo de Dios" ese "si eres" es un condicional, no es un afirmativo, lo

que el tentador está haciendo es en poner en tela de juicio las
Palabras dichas por él Padre desde los cielos, es como decir,
será que realmente eres Hijo de Dios? Bueno si es así, observe,
es la intención crear dudas, si es verdad que eres Hijo de Dios
entonces has que estas piedras se conviertan en pan o salta
desde lo alto del templo, pues si eres Hijo de Dios a sus ángeles
mandará para que tu pie no tropiece. Así mismo es el ataque
que usted y yo tenemos que enfrentar como hijos de Dios, como
gente de fe, escuchamos palabras que vienen a doblegarnos,
nos preguntan: -si tienes fe en Dios, porque las cosas están tal
mal?. Una amistad cercana le dice: - sigue creyendo que Dios te
va ayudar en tu matrimonio, si no te pones las baterías te vas a
quedar pidiendo. O tal vez le llega a sus pensamientos palabras
como estas: - para que te ha servido vivir por fe?

Y todo eso, es parte del escenario de la batalla que enfrentamos
en el reto de vivir por fe. Los sentidos (vista, oído, tacto, olfato)
se encargan de llevar del mundo físico y natural información
a nuestro ser espiritual, que espera recibir lo sobrenatural de
parte De Dios. Por eso quiero insistir con esta verdad de batallas
espirituales, que los dardos que vienen en contra de la vida de fe
se alimentan de los sentidos que nosotros poseemos. Además
el vivir por fe debe enfrentarse al mundo de la lógica, es decir,
lo que se puede explicar o probar, como ejemplo puedo decirte
esta experiencia, estábamos en la búsqueda de una casa y al ver
la que reunía las condiciones que buscábamos, hablamos con los
que saben, "los expertos" los que viven en el orden de lo visible,
y ellos nos dijeron que no calificabamos para la compra de una
casa en esos momentos, que era mejor que desistiéramos y que
esperáramos dos años para reunir las condiciones exigidas para
obtener el crédito, y no quiero decir que eso está mal, yo creo

que la lógica es buena pues nos ayuda a producir orden, pero la fe es mejor, pues produce milagros, así que pudimos comprar la casa, que según las voces de afuera nos decían que no se podía. Le animo a que ea a esos enemigos, enfréntelos y hábleles fe, hasta que usted logre en medio de lo temporal y perecedero, vivir por lo eterno y lo que permanece para siempre.

Ahora mientras lees este libro, quiero que hagas una pausa, levántate y revisa que está sucediendo a tu alrededor en los últimos días, que has visto que te está desanimando, que estás sintiendo que te hace dudar, que o a quien estás escuchando qué te ha llevado a debilitarte, al identificarlos, entonces enfréntalo con la Palabra de Dios, toma las promesas y repítelas todas las veces que quieras y vas a notar, que ellas se convierten en un escudo en contra de esos dardos que te quieren hacer creer que todo está perdido y que no hay más nada que hacer. Con toda seguridad le digo que si hay algo que hacer y es apagar los dardos y contrarrestar a los enemigos de nuestra fe. Créalo pues al que cree todo le es posible, así lo dijo Nuestro Señor Jesucristo. Pídale al Señor lo que usted está creyendo y preparase para recibirlo, pues la fe es certeza de lo que se espera.

El reto es vivir por la Fe, de allí que la palabra nos dice que por fe andamos no por vista, por fe andamos no por sentimientos.

«Jesús le dijo: Si puedes creer, al que cree todo le es posible.» Marcos 9:23 RVR1960

«(porque por fe andamos, no por vista);» 2 Corintios 5:7 RVR1960

Diga amen.

Capítulo Cuatro

La Fe es por el oír, y el oír por la palabra.

Este pasaje de la Biblia quiero que sea leído y comprendido.

«Así que la fe es por el oír, y el oír, por la palabra de Dios.» Romanos 10:17 RVR1960

Después de revisar y poder comprender que la fe se enfrenta a enemigos que son alimentados a través de los sentidos, ahora quiero tomar la enseñanza de los sentidos que nos ayudan a fortalecer la vida de fe, de manera que podemos entender que a través de los sentidos la Fe puede ser doblegada, pero también a través de los sentidos la Fe puede ser fortalecida, nosotros decidimos que es lo que va a penetrar a nuestro ser espiritual. Esta verdad espiritual era enseñada por Jesús y en muchas oportunidades se lo hizo saber a sus discípulos, es por eso que mientras leemos los Evangelios escuchamos a Jesús más de una vez decir: «Les dijo también: Mirad lo que oís; porque con la medida con que medís, os será medido, y aun se os añadirá a vosotros los que oís.» Marcos 4:24 RVR1960, esa declaración nos está diciendo que lo que oímos va a determinar resultados, por lo tanto es importante prestar debida atención a la escritura cuando nos dice que la fe es por el oír y el oír por la Palabra de Dios.

Quiero poner un ejemplo sobre este principio del oír para fortalecer la fe, supongamos que usted escucha a alguien que está enseñando que la sanidad divina fue limitada solamente a los tiempos bíblicos debido a que la medicina no se había desarrollado como lo está actualmente, de manera que por la necesidad de salud de los cuerpos enfermos Dios entonces se compadecía e intervenía en su situación de enfermedad, y allí quedaron escritos esos milagros en La Biblia como información, pero hoy tenemos la bendición de tener los estudios de la medicina tan desarrollada que Dios dejó de actuar y operar en sanidad divina ya que ahora usa a los médicos para sanar los cuerpos enfermos, así que la sanidades registradas en las historias bíblicas quedaron exclusivamente para esa época, de manera que hoy no es correcto que la Iglesia ore por la sanidad Divina pues esa intervención de Dios ya no es necesaria y para eso permitió el desarrollo de la ciencia médica. Eso al escucharlo suena bien, y hasta nos hace levantar las cejas de admiración por ese punto tan convincente, y aunque haga sentido y las palabras suenen bien, tengo que decirle sin temor a equivocarme que eso es mentira. El problema que quiero mostrar es lo peligroso que hay dentro de lo que se escucha y a quien se escucha, por eso Jesucristo dijo que miremos bien lo que escuchamos pues con esa medida nos volverán a medir y se nos añadirá más. Entonces regresemos al ejemplo que estoy citando, usted se expone a esas palabras, que Dios usa los médicos y la medicina para sanarnos y no es correcto pedir a Dios por sanidad. Le pregunto: Que cree usted que pasaría si después de recibir esa enseñanza usted enferma y su salud se deteriora día a día y los médicos vienen a su cama para decirle que han hecho todo lo que han podido y que no pueden hacer nada más, que la enfermedad continúa avanzando? Qué es lo que cruza por su mente? Se acabó mi tiempo en esta tierra, voy a morir.

Aún si alguien se acerca a usted y le dice "quiero orar por ti, por tu salud pues Dios es poderoso para sanarte" No podrá recibir sanidad por el poder de Dios porque usted ha sido bloqueado a través de palabras muy sensatas pero anti bíblicas y entonces su fe está muerta por falta de alimento.

Ahora con este ejemplo quiero ayudarle a comprender el porqué Jesús dijo: "miren bien lo que oyen". Ahora quiero estudiar la parte positiva del oír, ya que nos dice que la fe es, existe, por el oír y el oír por la Palabra de Dios. Ya claros que el oír trae a existencia la fe y vemos en el texto que el oír, es por la Palabra de Dios, entonces quiero examinar cómo es La Palabra de Dios a diferencia de las palabras que puede hablar un mortal cualquiera. El pasaje nos dice que el oír se produce por la Palabra de Dios y que la fe es por el oír, entonces veamos cómo es la Palabra de Dios; según el libro de los Hebreos nos dice que la Palabra de Dios es VIVA Y EFICAZ, entonces es esa palabra viva que alimenta nuestra vida de fe. Por eso es importante que nuestros púlpitos cristianos sean lugares donde se proclama la Palabra de Dios, no son sitios para entretener, para pasar un buen rato, el púlpito es un lugar de propósito, donde esa Palabra viva y eficaz es compartida para fortalecer la fe de los oyentes.

Para ampliar este punto quiero que leamos un pasaje que contienen las palabras de Jesús con relación a la importancia de la Palabra de Dios.

Este pasaje al que hago referencia se le conoce como la parábola del sembrador. Quiero que la lea y juntos podamos sacar principios para nuestro vivir por fe.

«Oíd: He aquí, el sembrador salió a sembrar; y al sembrar, aconteció que una parte cayó junto al camino, y vinieron las aves del cielo y la comieron. Otra parte cayó en pedregales, donde no tenía mucha tierra; y brotó pronto, porque no tenía profundidad de tierra.

Otra parte cayó entre espinos; y los espinos crecieron y la ahogaron, y no dio fruto. Pero otra parte cayó en buena tierra, y dio fruto, pues brotó y creció, y produjo a treinta, a sesenta, y a ciento por uno. Entonces les dijo: El que tiene oídos para oír, oiga. Cuando estuvo solo, los que estaban cerca de él con los doce le preguntaron sobre la parábola. Y les dijo: A vosotros os es dado saber el misterio del reino de Dios; mas a los que están fuera, por parábolas todas las cosas; para que viendo, vean y no perciban; y oyendo, oigan y no entiendan; para que no se conviertan, y les sean perdonados los pecados. Y les dijo: ¿No sabéis esta parábola? ¿Cómo, pues, entenderéis todas las parábolas?

Y éstos son los de junto al camino: en quienes se siembra la palabra, pero después que la oyen, en seguida viene Satanás, y quita la palabra que se sembró en sus corazones. Éstos son asimismo los que fueron sembrados en pedregales: los que cuando han oído la palabra, al momento la reciben con gozo; pero no tienen raíz en sí, sino que son de corta duración, porque cuando viene la tribulación o la persecución por causa de la palabra, luego tropiezan. Éstos son los que fueron sembrados entre espinos: los que oyen la palabra, pero los afanes de este siglo, y el engaño de las riquezas, y las codicias de otras cosas, entran y ahogan la palabra, y se hace infructuosa. Y éstos son los que fueron sembrados en buena tierra: los que oyen la palabra y la reciben, y dan fruto a treinta, a sesenta, y a ciento por uno.» Marcos 4:3–5, 7–13, 15–20 RVR1960

Ahora recuerde que la Palabra de Dios es viva y eficaz, ella es sembrada en los corazones de las personas y Jesucristo nos enseña en esta parábola varios principios de los cuales quiero extraer algunos con relación al tema de este capítulo, así que quiero que lea de nuevo, cuando Jesús habla de la palabra que cae entre espinos, dice que los espinos crecieron y ahogaron la Palabra y no dio fruto. Entonces Jesús hablando con los discípulos le explica aparte el significado, y dice "Éstos son los que fueron sembrados entre espinos: los que oyen la palabra, pero los afanes de este siglo, y el engaño de las riquezas, y las codicias de otras cosas, entran y ahogan la palabra, y se hace infructuosa"

La Palabra de Dios es viva y es eficaz, pero una persona al recibirla, puede por los afanes de este siglo y el engaño de las riquezas, ahogan esa palabra y la puede hacer infructuosa, es decir, que no lleve fruto. Allí está en blanco y negro, un impedimento que anula en los corazones de personas afanadas y engañadas por las cosas materiales, la eficacia de la Palabra de Dios y la vida que en ella hay es ahogada.

Pero observemos a este grupo, a los que se les llama buena tierra, los que oyen la palabra y la reciben y observe esto, dan fruto a treinta, a sesenta y a ciento por uno. Allí está entonces el principio de más fuerza, el problema está en cómo se recibe la palabra. No permita que los afanes de este siglo y el engaño de las riquezas ahoguen la palabra en usted y la haga infructuosa. Quiero que en este momento se prepare para ser buena tierra y dar fruto a treinta, a sesenta y al ciento por uno.

Anhele oir la palabra de Dios con gozo, siéntese a ser edificados por la palabra de Dios, no le permita que su mente se distraiga con cosas engañosas y haga que su vida no sea tierra fértil.

Así pues la fe es por el oír y oír por la palabra de Dios.

Capítulo Cinco

¿Fe, como el tamaño de un granito de mostaza?

Tengo que reconocer que soy parte del grupo de las personas que por tener mucho tiempo en la iglesia, nos hemos acostumbrado a repetir pasajes y textos bíblicos de memoria, aún cuando no los digamos tal y como están escritos, y muchas veces repetimos el texto o los textos de esa manera porque ha sido parte de nuestra formación cristiana. En el tema que voy a tocar en este capítulo se encuentra uno de esos pasajes donde corremos el riesgo de enseñarlo mal debido a la repetición que hemos hecho de el por muchos años, y para muchos sin detenernos a mirar y revisar el texto tal y como está escrito.

Antes de ir al texto específico del que voy a tratar aquí, quiero hacerle mención a algunos ejemplos de textos bíblicos que por la tanta repetición podemos tener una incorrecta implicación de lo que este dice. En El libro de Romanos capitulo uno y verso diecisiete encontramos un texto que muchos repiten así "la fe viene por el oír la Palabra de Dios" y si lo leemos, el texto no dice que la fe viene, aquí el texto tal y como está escrito dice: «Así que la fe es por el oír, y el oír, por la palabra de Dios.» Romanos 10:17 RVC1960.

Allí nos dice que la fe ES, no viene, y además nos dice que el oír ES por la Palabra de Dios, no por oír la Palabra de Dios. Quiero dar un segundo ejemplo, ahora quiero tomar las palabras dichas por Nuestro Señor Jesucristo en su ministerio terrenal, registradas por el evangelista Juan en el capítulo 14:6, la repetición que escuchamos casi de manera automática la escuchamos así: "Yo soy el camino, la verdad y la vida y nadie va al Padre si no es por mi" ahora cuando leemos el texto exacto como está escrito dice así: Jesús le dijo: Yo soy el camino, y la verdad, y la vida; nadie viene al Padre, sino por mí.» Juan 14:6 RVR1960. Lo vio? No dice va al Padre, no, lea que dice, "nadie viene al Padre", este es un texto que revela la Deidad de Jesus y unidad con el Padre, de manera que la repetición sin revisión no deja una mala implicación del texto. Bueno, dejemos ya los ejemplos y vayamos al grano como dijo el dermatólogo, y en mi caso que expongo hoy, es bien apropiado ir al grano, lo leyó bien, ir al grano, y ya me voy a explicar porque digo eso, por favor quiero que leamos un pasaje importante que tiene ver con el vivir por fe, se encuentra en San Mateo Capítulo diecisiete, leamos:

«Cuando llegaron al gentío, vino a él un hombre que se arrodilló delante de él, diciendo: Señor, ten misericordia de mi hijo, que es lunático, y padece muchísimo; porque muchas veces cae en el fuego, y muchas en el agua. Y lo he traído a tus discípulos, pero no le han podido sanar. Respondiendo Jesús, dijo: ¡Oh generación incrédula y perversa! ¿Hasta cuándo he de estar

con vosotros? ¿Hasta cuándo os he de soportar? Traédmelo
acá. Y reprendió Jesús al demonio, el cual salió del muchacho,
y éste quedó sano desde aquella hora. Viniendo entonces
los discípulos a Jesús, aparte, dijeron: ¿Por qué nosotros no
pudimos echarlo fuera? Jesús les dijo: Por vuestra poca fe;
porque de cierto os digo, que si tuviereis fe como un grano de
mostaza, diréis a este monte: Pásate de aquí allá, y se pasará; y
nada os será imposible.». Mateo 17:14-20

Para ser rápido en el análisis de este pasaje quiero revisar aquí
lo que acontece: 1.- Un padre desesperado por la situación de
enfermedad de su hijo. 2.- Lo llevó a los discípulos para que
oraran por el y lo sanaran y no pudieron. 3.- Al ver a Jesus le
cuanta la situación y Jesus entonces le da una exhortación
y represión a los discípulos públicamente y después sanó
al muchacho. 4.- Los discípulos avergonzados en privado le
preguntan al maestro por qué ellos no pudieron echarlo fuera.
5.- Jesus les respondió que fue por su poca fe, por su escasa
fe que ellos no pudieron echarlo fuera. Bueno hasta aquí todo
está bien con usted lector, pues usted se estará preguntando
dónde está la incorrecta enseñanza. Gracias por su interés,
téngame paciencia pues le voy a contar una experiencia que
tuve en el año 2004, me desperté como a las 3:20am y no podía
dormir, después de orar y tratar de dormirme no lo logré, así
que decidí ponerme a leer y estaba leyendo el libro de los
proverbios y luego leí sobre el evangelio de Mateo hablando
en el sermón del monte y sigo leyendo y me consigo con este
pasaje que tenemos arriba, como estaba acostumbrado por
repetición, cuando estaba leyendo la razón que Jesus les
daba a los discípulos por no poder echar fuera al demonio
que atormentaba al muchacho, me sorprendo que lo que yo

escuchaba, repetía y hasta cantaba no estaba escrito de esa manera, yo esperaba leer esto: "si tuvieran fe como el TAMAÑO del grano de mostaza.... y que leo? que no dice tamaño, ni dice granito, Jesus dice que "que si tuviereis fe como un grano de mostaza", por favor observe que al decir tamaño, cambia la implicación del texto, pues Jesus en este texto no se refiere al tamaño del grano, se refiere a la calidad. Y por razones de espacio no podré hablar sobre la calidad, solo le menciono que ese grano de mostaza al caer a tierra, ni calor, ni frío, ni presión, ni humedad detiene su producción y los conocedores dicen que ese pequeño grano produce 16 pies cuadrados por grano; esa es la enseñanza que Jesus quiere poner en el corazón de los discípulos en lo que es vivir por fe, tienen que tener fe como un grano de mostaza, sin mencionar el tamaño. Así que hoy mientras lee este libro le quiero sacar esa enseñanza incompleta, que por repetición sacamos una mala implicación.

No es bíblico enseñar que si tenemos fe chiquita, pequeñita, un chin de fe, vamos a recibir lo que estamos deseando o esperando. Eso NO es bíblico, por favor saquemos esa repetición de nuestro vocabulario. Y le voy a demostrar esa verdad bíblica, pregúntese de nuevo cual fue la razón que el Señor le dijo a los discípulos de su fracaso con el joven, leemos que fue por su poca fe, por su fe pequeña, por la fe escasa, por la fe tan débil, entonces sí los regañan por la fe pequeña que tienen no tendría sentido que les dijera que necesitan fe como el tamaño de un grano de mostaza, no hace sentido, es contradictorio. Y nosotros lo repetimos y lo cantamos sin ir al texto y leerlo tal y como está escrito.

Ahora, es posible que usted aún esté pensando, pero no puede ser, y yo qué he predicado sobre eso, se lo he dicho a otros, y posiblemente le pase como a mí, que vi a predicadores llegar a predicar sobre fe y traer granos de mostaza para ilustrar su mensaje diciéndonos que así, con una fe como el tamaño de ese grano de mostaza, es lo que Dios requiere para bendecirnos. Eso no es verdad, pero un error repetido muchas veces se cree como una verdad escrita en la Biblia.

Quiero llevarle a varios pasajes de los Evengelios donde queda demostrado que una fe pequeña, débil, o poca fe, se convierte en un impedimento para recibir algo de Dios y Nuestro Señor Jesucristo nunca elogió, ni recompensó una fe pequeña, siempre que había una acción de poca fe, Jesus les daba un regaño, una exhortación a sus discípulos, dándonos a entender sin lugar a duda que la fe pequeña, la fe del tamaño del grano de mostaza no tiene apoyo en las Sagradas Escrituras. Le invito a que me acompañe a leer estos pasajes que apoyan esta verdad de vivir por fe.

Veamos el primero de varios pasajes que voy a tomar:

"En seguida Jesús hizo a sus discípulos entrar en la barca e ir delante de él a la otra ribera, entre tanto que él despedía a la multitud. Despedida la multitud, subió al monte a orar aparte; y cuando llegó la noche, estaba allí solo. Y ya la barca estaba en medio del mar, azotada por las olas; porque el viento era contrario. Mas a la cuarta vigilia de la noche, Jesús vino a ellos andando sobre el mar. Y los discípulos, viéndole andar sobre el mar, se turbaron, diciendo: ¡Un fantasma! Y dieron voces de miedo. Pero en seguida Jesús les habló, diciendo: ¡Tened ánimo;

yo soy, no temáis! Entonces le respondió Pedro, y dijo: Señor, si eres tú, manda que yo vaya a ti sobre las aguas. Y él dijo: Ven. Y descendiendo Pedro de la barca, andaba sobre las aguas para ir a Jesús. Pero al ver el fuerte viento, tuvo miedo; y comenzando a hundirse, dio voces, diciendo: ¡Señor, sálvame! Al momento Jesús, extendiendo la mano, asió de él, y le dijo: ¡Hombre de poca fe! ¿Por qué dudaste?" Mateo 14:22-31 RVR1960

Ahora veamos que podemos aprender aquí: 1) Jesus monta a los discípulos en la barca y los envía adelante a ir a la otra Ribera, al otro lado, mientras el despedía la gente e iba orar. Luego el iría tras ellos. (Mi esposa me dice que yo a todo le saco punta, pero no cree que cualquiera se preguntaría, como el Señor nos va a alcanzar cuando estemos en el mar, y para ese tiempo no habían motos de agua o jet sky.) 2) Estando los discípulos en medio del mar se desata una tempestad. 3) Jesús dijo que iría tras ellos y entonces decide alcanzarlos y como El no necesita nada para andar sobre las aguas, entonces lo hace caminando. 4) Al ver sus discípulos que alguien se acercaba tuvieron miedo y pensaron que era un fantasma (perdóneme, pero a mí me sorprende leer que los discípulos están creyendo en fantasmas a esta altura de su ministerio, eso ilustra la vida de muchos creyentes sin convicciones firmes). 5) Pedro tal vez pensó, debe ser el maestro pues el dijo que vendría, y entonces dijo: "si eres tú manda que yo vaya a ti sobre las aguas" observe ese "si eres tú" lo que veo en Pedro es que no está seguro. 6) Jesus le dice: "ven" y esa voz si la reconocía y entonces descendió de la barca y comenzar a andar sobre las aguas. Y quiero que nos detengamos aquí, con Pedro caminando sobre las aguas para llegar a donde está Jesús, Pedro es el único que se atreve a salir, los otros discípulos se quedaron en la barca, llenos de miedo. Ya Pedro está alcanzando un nivel por encima de los otros discípulos y va paso a paso, caminando sobre las aguas... y de repente... que paso? Regresemos a la Biblia, que nos dice? 7) Al ver el fuerte viento, tuvo miedo. El sentido de la vista lo regresó a lo natural, y Pedro tuvo miedo, los sentidos lo llevaron a pensar "por el agua no se camina, el que camina sobre el agua se hunde, la ley de la gravedad atrae por el peso a la profundidad y de momento...zuaz! comenzó a hundirse. Cuando comenzó a hundirse? Cuando el sentido de la vista y tal vez el del oído le llevó a escuchar el sonido de las olas y entonces ya las Palabras de Jesús no le sostienen. Y de nuevo me quiero detener aquí, si analizamos humanamente este episodio, tendríamos que reconocer que Pedro se merece un gran reconocimiento, pues el es el único que hizo algo diferente a los otros, además caminó unos pasos sobre las aguas, no cree que se le debería exaltar y mostrar que fue un valiente? Pero regresemos a ver que es lo que recibe Pedro, recibe una exhortación del maestro, un reclamo, miremos las palabras que le dice: "Hombre de POCA FE" que te pasó? Ya venias caminando, y le confronta, el Señor Jesús le reprende, diciéndole que su poca fe, que su fe tan pequeña, lo llevó a dudar y por eso comenzó a hundirse. Allí está la poca fe, la fe pequeña reprendida por Jesús, eso demuestra que El nunca quiso enseñar que con una fe del tamaño de un grano de mostaza los montes se mueven.

Pero vayamos a otro pasaje de los evangelios.

"Y entrando él en la barca, sus discípulos le siguieron. Y he aquí que se levantó en el mar una tempestad tan grande que las olas cubrían la barca; pero él dormía. Y vinieron sus discípulos y le despertaron, diciendo: ¡Señor, sálvanos, que perecemos! Él les dijo: ¿Por qué teméis, hombres de poca fe? Entonces, levantándose, reprendió a los vientos y al mar; y se hizo grande bonanza. Y los hombres se maravillaron, diciendo: ¿Qué hombre es éste, que aun los vientos y el mar le obedecen?" Mateo 8:23-27 RVR1960

En este otro episodio de la vida de Jesús con los discípulos, me lleva a mi a pensar que tal vez el Señor se dijo a sí mismo, - "yo creo que aún no están en ese nivel de fe para dejarlos solos" voy a bajar mi examen de fe a un nivel intermedio pues el anterior examen era para nivel avanzado. Y entonces tenemos este pasaje que acabamos de leer y en él encontramos esto: 1.) Jesús esta vez entra en la barca con ellos, pues en la anterior lectura los mandó adelante, pero ahora va con ellos y así baja el nivel. 2.) De nuevo una tempestad grande pero él dormía (y como mi estilo analítico es inevitable, yo pienso, como en una tempestad tan grande donde las olas golpean tan fuertemente la barca al punto que la cubrían, puede alguien dormir? Perdone mi atrevimiento pero yo creo que Jesús estaba probando a los discípulos para ver que hacían esta vez). 3.) Los discípulos fueron donde el maestro y le dijeron "Señor, sálvanos que perecemos" y me atrevo a creer que en medio de su temor llegaron a pensar que hasta el Señor si no se despierta se va a ahogar con nosotros). Veamos ahora la respuesta del Señor: "Por qué teméis, hombres de POCA FE? Y luego reprendió a los vientos y al mar y se hizo grande bonanza. 4.) Los discípulos al ver todo en calma se preguntan: Qué hombre es este, que aún el viento y el mar le obedecen? Por lo que entiendo todavía no saben quién es. De nuevo vemos a Jesús reprendiendo a los discípulos por su poca fe. Así que quiero que usted hoy se niegue a seguir creyendo que una fe pequeña le va a dar los resultados deseados.

Le invito a leer el siguiente capítulo de este libro para demostrarle que lejos de enseñar que una fe pequeña, como la del tamaño de un grano de mostaza es lo que se requiere para ver la poderosa mano de Dios actuando, al contrario nos demuestra que es una fe grande, sólida, como la calidad que posee el grano de mostaza.

Capítulo Seis

Auméntanos la Fe.

Mientras escribo los capítulos finales de este libro, me encuentro con la información de que ya están definidos por los votos de ambos partidos, tanto el Republicano como el partido Demócrata sus candidatos para ahora aspirar a ser el próximo presidente de los Estados Unidos de Norteamérica. Ya estando al tanto de que el Partido Republicano tiene como candidato a la Presidencia al Señor Donald Trump y el partido demócrata tiene como su candidata a la Señora Hillary Clinton.

Así que los titulares que acaparan las casas de noticias en estos últimos días son "Terrorismo, narcotráfico, catástrofes y elecciones" y son muchos los que están siendo atrapados por los medios y los están llevando a vivir en temor, en desesperación, y son estos momentos que me animan más a escribir sobre el vivir por fe. Los conocedores de política dicen que es la primera vez que en los Estados Unidos se ve una situación de elecciones tan complicadas, pues ellos opinan que ninguno de los dos candidatos poseen las calificaciones para optar a ser el próximo presidente.

Debido a eso y a los otros acontecimientos ya mencionados, que pienso que necesitamos las condiciones sanas para tener estabilidad y crecimiento en todas las áreas de nuestra vida.

Entonces para ir a lo prometido al final del capítulo anterior, donde pudimos revisar que la referencia al tamaño al grano de mostaza como base para nuestra fe no es correcta y que siempre que nos encontramos con un escenario de poca fe hay una represión de parte del maestro, entonces quiero llevarle a ver a lo que Jesús, tratándose de fe, le da un reconocimiento público, y con eso está dejando claro que ese el tipo de fe que se requiere, manifestando que para recibir los resultados esperados, se requiere de la clase de fe adecuada. Así que prepárese para ver a Jesús en medio de personas que manifestaron tener la clase de fe que mueve la mano benéfica de Dios.

Antes de traer los ejemplos bíblicos quiero quedarme un rato más con los discípulos y quiero que entremos a escuchar una conversación que sostienen con Nuestro Señor Jesucristo. Acompáñeme:

"Dijo Jesús a sus discípulos: Imposible es que no vengan tropiezos; mas ¡ay de aquel por quien vienen! Mejor le fuera que se le atase al cuello una piedra de molino y se le arrojase al mar, que hacer tropezar a uno de estos pequeñitos. Mirad por vosotros mismos. Si tu hermano pecare contra ti, repréndele; y si se arrepintiere, perdónale. Y si siete veces al día pecare contra ti, y siete veces al día volviere a ti, diciendo: Me arrepiento; perdónale. Dijeron los apóstoles al Señor: Auméntanos la fe. Entonces el Señor dijo: Si tuvierais fe como un grano de mostaza, podríais decir a este sicómoro: Desarráigate, y plántate en el mar; y os obedecería." Lucas 17:1-6 RVR1960

Allí escuchamos a Jesús y a sus discípulos en una conversación entre ellos, y de golpe nos enteramos que el maestro les está diciendo que es imposible que no vengan tropiezos, y eso es interesante que usted y yo lo tengamos en cuenta, los tropiezos si van a existir, el ambiente ideal no va estar en su totalidad y por eso tenemos que estar preparados para cuando aparecen los tropiezos y de allí les imparte un desafío acerca del perdón, pero no algo superficial sino al contrario les lanza un desafío profundo. Si alguien te ofende y luego viene a ti arrepentido y te dice perdóname, entonces tienes que perdonarle, y si siete veces al día, por favor prestemos atención a esto, no sólo siete veces, sino siete veces al día te ofende y siete veces al día viene arrepentido entonces perdonale. Los discípulos al escuchar esto entonces le dicen al Señor: AUMÉNTANOS LA FE. En otras palabras, tenemos fe pero necesitamos una fe más grande, no va a ser suficiente una fe pequeña para los desafíos que tenemos que enfrentar. De nuevo Jesús responde lo que vimos en el capítulo anterior "Si tuvierais fe como un grano de mostaza", vea que no menciona el tamaño, pues no hace sentido ya que ellos están reconociendo que la fe que tienen es pequeña y que necesitan que sea aumentada.

Veamos ahora lo que les prometí anteriormente, ver a Jesucristo en un escenario diferente. Venga ahora conmigo a este acontecimiento bíblico, aquí lo tenemos:

"Entrando Jesús en Capernaum, vino a él un centurión, rogándole, y diciendo: Señor, mi criado está postrado en casa, paralítico, gravemente atormentado. Y Jesús le dijo: Yo iré y le sanaré. Respondió el centurión y dijo: Señor, no soy digno de que entres bajo mi techo; solamente di la palabra, y mi criado sanará. Porque también yo soy hombre bajo autoridad, y tengo bajo mis órdenes soldados; y digo a éste: Ve, y va; y al otro: Ven, y viene; y a mi siervo: Haz esto, y lo hace. Al oírlo Jesús, se maravilló, y dijo a los que le seguían: De cierto os digo, que ni aun en Israel he hallado tanta fe. Y os digo que vendrán muchos del oriente y del occidente, y se sentarán con Abraham e Isaac y Jacob en el reino de los cielos; mas los hijos del reino serán echados a las tinieblas de afuera; allí será el lloro y el crujir de dientes. Entonces Jesús dijo al centurión: Ve, y como creíste, te sea hecho. Y su criado fue sanado en aquella misma hora."
Mateo 8:5-13 RVR1960

Los tres protagonistas aquí son Jesús, el centurión y su criado. Quien capta más la atención es el centurión romano. Un centurión era un soldado romano con jerarquía de mando que abarcaba cien soldados, de allí ese título "centurion" de la palabra centuria que significa cien, es decir tenía autoridad sobre 100 soldados que estaban bajo su mando. Eso es importante mencionarlo porque es parte de lo que capta la atención del Señor Jesucristo, al escuchar el ruego del Centurión sobre su criado que estaba postrado en casa gravemente atormentado, Jesús le dice: "yo iré y le sanaré", me gusta la seguridad absoluta de Jesús, y lo que el centurión responde es digno de admiración, inmediatamente apela a su autoridad y le dice al maestro, yo soy un hombre en autoridad, y con mi autoridad yo le digo a este que haga y tiene que hacer, y a ese le digo que vaya y tiene que ir y a aquel le digo que haga y lo tiene que hacer y yo reconozco que tú, así como yo tengo autoridad, reconozco Señor la que tú tienes, de manera que no es necesario que tu vayas a mi casa, has uso de tu autoridad y solamente di la palabra y mi criado sanará. Le soy honesto, solo escribirlo me saca un aleluya, un Gloria a Dios, y a Jesús lo maravilló, a tal punto que les dijo a los que lo seguían, que les dijo? Préstale atención a esto que Jesús dice: "De cierto os digo, que ni aun en Israel he hallado tanta fe." De nuevo, qué dijo? Véalo que ni aún en Israel, ni aún en su pueblo, ni en sus discípulos he hallado tanta fe, allí está, claro, directo, no he encontrado una fe tan grande como la de este centurión que no es israelita, que no anda conmigo, y tiene una fe tan grande que cree que no es necesario que yo vaya a su casa, su fe es tan grande que solo me pide que yo diga la palabra y su siervo va a sanar, Jesús está maravillado, que es lo que lo tiene maravillado? Una fe tan grande. No un granito de mostaza, no un pequeño ejercicio de fe, no un poquito de fe vacilante, no, fe sólida que transforma el escenario. Que contraste con los discípulos, quienes solo escuchaban del maestro, "hasta cuando los voy a soportar?" "Hombres de poca fe, hasta cuándo tengo que estar con vosotros"? por eso no pudieron sanar al muchacho por la poca fe que tienen, ustedes necesitan fe como un grano de mostaza. Así que Jesús maravillado por la fe del centurión entonces le dice: "Ve y como creísteis te sea hecho, y leemos que su siervo fue sanado desde aquella hora. De manera que cuando el centurión llega a su casa se encuentra a su siervo totalmente sano. La fe del centurión es un ejemplo de lo que Dios espera para ejecutar un milagro. Así que no es fe pequeña como el tamaño de un grano de mostaza. Pero si aún está pensando, le quiero llevar a otro escenario de la vida de Nuestro

Señor Jesucristo en su ministerio terrenal, vamos a leerlo para sacar de allí las implicaciones para este tema tan importante.

Leemos ahora esto:

"Saliendo Jesús de allí, se fue a la región de Tiro y de Sidón. Y he aquí una mujer cananea que había salido de aquella región clamaba, diciéndole: ¡Señor, Hijo de David, ten misericordia de mí! Mi hija es gravemente atormentada por un demonio. Pero Jesús no le respondió palabra. Entonces acercándose sus discípulos, le rogaron, diciendo: Despídela, pues da voces tras nosotros. Él respondiendo, dijo: No soy enviado sino a las ovejas perdidas de la casa de Israel. Entonces ella vino y se postró ante él, diciendo: ¡Señor, socórreme! Respondiendo él, dijo: No está bien tomar el pan de los hijos, y echarlo a los perrillos. Y ella dijo: Sí, Señor; pero aun los perrillos comen de las migajas que caen de la mesa de sus amos. Entonces respondiendo Jesús, dijo: Oh mujer, grande es tu fe; hágase contigo como quieres. Y su hija fue sanada desde aquella hora." Mateo 15:21-28 RVR1960

Lo leímos juntos y no quiero extenderme mucho, por razones de espacio, pero aquí en este escenario vemos a una madre cananea clamando a gran voz por su hija atormentada. Miremos los obstáculos que esa madre enfrenta:

1.) El silencio de Jesús, el cual no le respondió palabra. 2.) El desprecio de los discípulos quienes le manifiestan al maestro lo molesta que se está volviendo esta mujer y le piden que la despida. En otras palabras cállala. 3.) "Solo para ciudadanos israelitas" esto es lo que Jesús le está diciendo, solo para ellos son los beneficios, si lo decimos en términos actuales de nuestro tema de elecciones, no es otra cosa, es decir, los ilegales no reciben estos beneficios, el pan es solo para los hijos de la casa. No es para perrillos.

Quiero que se concentre en lo que responde esta mujer cuando recibe de Jesús la información que no es bueno quitar los beneficios a los hijos de la casa y darlos a los perrillos, mujer tu no eres ciudadana israelita, tú no tienes legalidad que te da derecho a reclamar beneficios.

Entonces leemos lo que nos dice la Biblia: "Y ella dijo: Sí, Señor; pero aun los perrillos comen de las migajas que caen de la mesa de sus amos". Yo me voy a atrever a dar mi interpretación de las palabras de esta madre desesperada, lo primero es que admite que es cierto que ella no es hija, que no tiene derecho a beneficios, pero hay algo que quiero que sepas Señor, yo he visto que los que tienen derecho, los legales, los que se pueden sentar a la mesa, desperdician mucho de lo que reciben y yo no te pido que tú me sientes a la mesa, no me pongas al mismo nivel de ellos, pero solo permíteme comer de las migajas que caen de la mesa, así que no te pido que me des lo mismo que ellos reciben, solo permíteme recibir las migajas, recibir lo que a ellos les sobra (no sé qué pensaría el Señor Donald Trump de esto) y entonces Jesús al escucharla dice: "Oh mujer, que GRANDE es tu fe". Me gusta eso, que grande es tu fe mujer, de nuevo léalo conmigo, que GRANDE es tu fe, mujer se te ignora, se te desprecia, te descalificamos para beneficios y tú mujer sigues creyendo, que grande es tu fe, no te dejas dominar por las circunstancias negativas de tu alrededor, no te doblegas antes las palabras de humillación, pues entonces mujer: "hágase contigo como quieres, y su hija fue sanada en aquella hora". La fe a la que Jesús hace referencia de esta mujer Cananea es que es una fe grande. Cómo es su fe? Es grande. Así termino, sin más comentarios.

Capítulo Siete

Que tu fe no falte.

Si usted llegó hasta aquí es porque este tema de vivir por fe le está ayudando a crecer de una manera bíblica y no por emocionantes momentos en su vida cristiana. Sabiendo que usted tiene un deseo de mantener un crecimiento constante en su fe, le quiero llevar a un episodio bíblico donde cualquiera de nosotros pudiéramos ser los protagonistas. Me gustaría pedirle que lea este pasaje bíblico con atención y que trate de leerlo como si fuese la primera vez que lo lee, para así evitar ser influenciados por cualquier posición teológica que ya usted tenga sobre el y además para que me permita colocar en su corazón lo que Dios ha colocado en el mío. Vayamos a estos dos pasajes que se encuentran en los Evangelios y que se refieren al mismo acontecimiento.

"Dijo también el Señor: Simón, Simón, he aquí Satanás os ha pedido para zarandearos como a trigo; pero yo he rogado por ti, que tu fe no falte; y tú, una vez vuelto, confirma a tus hermanos. Él le dijo: Señor, dispuesto estoy a ir contigo no sólo a la cárcel, sino también a la muerte. Y él le dijo: Pedro, te digo que el gallo no cantará hoy antes que tú niegues tres veces que me conoces." Lucas 22:31-34 RVR1960

"Le dijo Simón Pedro: Señor, ¿a dónde vas? Jesús le respondió: A donde yo voy, no me puedes seguir ahora; mas me seguirás después. Le dijo Pedro: Señor, ¿por qué no te puedo seguir ahora? Mi vida pondré por ti. Jesús le respondió: ¿Tu vida pondrás por mí? De cierto, de cierto te digo: No cantará el gallo, sin que me hayas negado tres veces." Juan 13:36-38 RVR1960

Como este pasaje contiene un acontecimiento bíblico muy conocido se hace más fácil poder extraer de el lecciones útiles para nuestro tema de el vivir por fe. Sabemos lo que precede a este momento en que se registran estas palabras, Jesús está con sus discípulos y hace un anuncio importante sobre el mismo, el Señor les dice que esa noche se van a escandalizar, esa misma noche se cumplirá la palabra que dice que "heriré al pastor y las ovejas serán dispersadas" refiriéndose a su muerte y luego les dice, pero después que resucite iré delante de vosotros a Galilea. Puede usted imaginarse ese momento? El maestro entregado a morir y ellos escandalizados por esas palabras, son palabras fuertes, son una despedida no de una noche o de solo días, es el final de la película para muchos de ellos, pues no están pensando en la continuación que es la resurrección, solo están dominados por la tristeza de la separación, y en ese momento volvemos a ver el ímpetu de Pedro, diciendo que está dispuesto no sólo a ir a la cárcel sino hasta de poner su vida por la de su Señor. Y es aquí donde me refiero a que cualquiera de nosotros pudiéramos ser los protagonistas de este escenario bíblico. Nuestras emociones son vulnerables a momentos, a situaciones, a imágenes, ellas pueden llevarnos a llorar solo viendo un anuncio de televisión donde presentan una historia triste, también nuestras emociones nos pueden llevar a actuar con ira si llegamos a un sitio y sin saber porque, vemos a varias personas que están golpeando a alguien que está tirado indefenso en el suelo, y las emociones nos llevan a ver que es una injusticia y hasta nos pueden llevar a meternos y luego enterarnos que nos dejamos dominar por un momento emocional. Eso es algo similar de lo que interpreto cuando Pedro dice estas palabras que leímos anteriormente, y donde quiero centrar la atención, porque se apropia a nuestro tema de fe, es en las palabras que el Señor le dice a Pedro: "Simón, Simón, he aquí Satanás os ha pedido para zarandearos como a trigo; pero yo he rogado por ti, que tu fe no falte; y creo que no podemos tomar livianamente esa declaración que Jesús está haciendo, ya que estamos claros que la falta de fe, se convierte en un impedimento para ver y recibir milagros, y quiero que le preste atención a este versículo donde nos dice que aún Nuestro Señor Jesucristo no pudo hacer milagros en una región debido a la incredulidad que allí había, y eso es suficiente para convencernos que la falta de fe es una barrera, un impedimento para producir milagros. Por favor atienda a esto, al faltar la fe el ambiente se torna oscuro y se paralizan los milagros, aquí le dejo un texto sobre esta realidad: "Y no hizo allí muchos milagros, a causa de la incredulidad de ellos." Mateo 13:58 RVR1960. Entonces quiero que regresemos al pasaje anterior y que saquemos de ella implicaciones para nuestra vida diaria.

Veamos lo que se desprende de esas palabras.

1.) "Satanás os ha pedido para zarandearos como a trigo" de manera que de aquí y otras porciones de las Sagradas Escrituras podemos obtener revelación que nuestro enemigo espiritual, aquí identificado como Satanás, para poder tocar nuestras vidas debe hacer un pedido, se le debe permitir, tiene que pedir un permiso, entonces sabemos que lo que le pertenece a Dios, Satanás no lo puede tocar sin un permiso. Esto lo podemos ver también en la vida de Job en el capítulo uno verso doce: "Dijo Jehová a Satanás: He aquí, todo lo que tiene está en tu mano; solamente no pongas tu mano sobre él. Y salió Satanás de delante de Jehová." De manera que puedo decirle basado en esta verdad bíblica que su vida usted la ha depositado en las manos del Dios Todopoderoso, usted está bajo protección de su propietario legal Jesucristo, que lo compró con su preciosa sangre. Lo que le pertenece a Dios el Diablo no lo toca sin un permiso. Subráyenlo para que no lo olvide. Aleluya!.

2.) "yo he rogado por ti, que tu fe no falte". Esto nos revela la importancia que hay en la vida cristiana de poder fortalecer la fe de los creyentes, es bueno que pensemos lo que está encerrado en estas palabras para nuestros días. A todos nosotros, a los que Dios nos ha llamado al ministerio Cristiano de enseñanza bíblica y predicación, tenemos que tomar en serio esta declaración y enfocarnos a que nuestros púlpitos sean lugares para fortalecer la fe de los que nos escuchan, por favor, los púlpitos no son lugares de entretenimiento, ni de pasar un rato de buenos momentos, no, son lugares de propósitos, de manera que nos presentemos a Dios aprobados, como obreros que trazamos bien la palabra de verdad. Vea conmigo lo que Nuestro Señor le dice a Pedro, le dice que ha rogado para que su fe no falte, está preocupado por Pedro, que no se vaya a debilitar su fe al punto que solo la duda controle sus decisiones. Piense conmigo esto: Por qué no decirle a

Pedro, he rogado por ti para que Satanás no te zarandee? Eso sería más agradable, además es más motivador, pero ese no es el objetivo de la vida cristiana, no es vivir libre de dificultades, es aprender a enfrentar los momentos difíciles que Dios permite en nuestras vidas y salir victoriosos de ellos. Ese el enfoque, de manera que si usted solo escucha enseñanzas que te dicen que eres un vencedor, que no te da ni gripe, que los mosquitos no te pican y todo te va salir bien, y eso es lo que quisiéramos, pero quiero decirle sin temor a equivocarme, que está recibiendo una enseñanza incompleta, una verdad a medias, porque su fidelidad a Dios no es una garantía de que no tendrá momentos duros, lo que sí es bíblico, es que "muchas son las aflicciones del justo, pero que de todas ellas lo va a librar el Señor". Hoy, reciba esta enseñanza de prevención, el hecho que lleguen momentos difíciles a nuestra vida, no indica que usted no somos espirituales, sólo demuestra que somos humanos.

Su vida de fe es para ayudarle a enfrentar los obstáculos con la ayuda del Señor Dios Todopoderoso; es por eso que leemos que Jesús le dice a Pedro que ha rogado por él, no para que no sea zarandeado, sino para que su fe no falte. Allí está de nuevo "para que su fe no falte" ese es el enfoque, vivir por fe en medio de las incertidumbres. Derrotar la duda es uno de los retos que tenemos en nuestra vida cristiana, no olvidemos que vivimos por fe y no por circunstancias. El justo por su fe vivirá.

3.) Leemos: "y tú, una vez vuelto, confirma a tus hermanos." Este mismo pasaje lo busqué en otra versiones y leí como lo dice en esta versión que le comparto aquí: "pero yo he pedido por ti, para que no desfallezca tu fe. Y tú, cuando recuperes la confianza, ayuda a tus hermanos a permanecer firmes." LUCAS 22:32 BHTI.

Esta tercera implicación que consigo nos da luz sobre el proceso de pruebas por la que pasa nuestra fe, al detallar esta declaración de Jesús en la conversación con Pedro entendemos que el propósito de esos momentos de prueba, es que al terminarla vas a ser de ayuda a tus hermanos. Esto es importante que le dediquemos más explicación, ya que al leer la versión BHTI nos dice que cuando recupere la confianza, es decir cuando ya el zarandeo haya terminado, tu vida no será la misma, ahora vendrás para fortalecer la vida de otros, y serás un instrumento de bendición para los que están pasando por los mismos momentos que tú has vivido. Espero explicarme bien, esos momentos en que Dios permite que pasemos dificultades, tienen la meta que después de haber pasados ese proceso luego seamos un apoyo para otros. Así que hoy le animo a que reciba estás palabras para su situación, hoy es una prueba, mañana será un testimonio de fe para que otros puedan experimentar el poder de Dios actuando a su favor. Para Dios no hay nada que lo tome de sorpresa. Dios está en control. Así que le animo a que su fe no desfallezca, manténganse creyendo a Dios y el hará lo que nos ha prometido. También es posible que usted sepa de alguien que está pasando una situación difícil y que al leer este capítulo usted entiende que ahora necesita ser ayudada para que su fe no falte, entonces hágalo, conviértase en ese apoyo de fe a los que necesitan, si puede hacer una llamada, o enviar un texto bíblico o ir personalmente, entonces no deje pasar esta oportunidad de ser un instrumento de bendición para otros.

Espero escuchar algún testimonio de su acción.

Capítulo Ocho

El lenguaje de nuestra de Fe.

En este momento mientras escribo este capítulo escucho muchas voces hablando a mi alrededor, escucho instrucciones de parte de los auxiliares, escucho voces sonando en las cornetas del techo, además el movimiento de las compuertas de los equipajes de mano que nos indica que ha llegado el momento de salir; si exactamente mientras escribo estoy en un avión, listo para volar desde el Estado de Florida a Boston Massachusetts, y ya estamos en la estación de Otoño y cerca, las próximas elecciones para escoger al próximo presidente de los Estados Unidos de América. Quise mencionarles esto, pues se presta para poder decirles que la mayor parte de las conversaciones que escucho demuestran que en el corazón de muchas personas lo que domina su pensamiento es la incertidumbre, es el temor, y eso lo digo con propiedad, ya que la palabra de Dios nos dice que lo que hablamos es lo que hay en nuestro corazón. Jesucristo dijo que del corazón del hombre es que salen las palabras y las acciones del ser humano. Allí está encerrada una lección importante de la demanda de Dios para nosotros los creyentes, que es el vivir por fe, no olvidemos que el estilo de vida de un cristiano debe ser totalmente diferente de los que no le sirven a Dios. En esa diferencia de estilo de vida, no solamente está la conducta de una vida alejada del pecado sino que debe incluir nuestra manera de hablar, lo que hablamos, las palabras que decimos es una manera de evaluar nuestras convicciones de vida cristiana, ya que no debe existir un divorcio entre lo que creemos y lo que hablamos. En este capítulo quiero tomar pasajes de las Sagradas Escrituras que me permitan demostrar esa verdad, para que no le quede dudas sobre la importancia de nuestras palabras y conversaciones. Mi intención es llevarle a un fundamento bíblico que le transforme su entendimiento sobre el lenguaje de fe. Trataré de explicarme mejor sobre este punto de la gran importancia de nuestras palabras. Las palabras no sólo son palabras, las palabras tienen el poder de producir imágenes en la vida de los oyentes, es por eso que cuando hay un hablante y uno o varios oyentes, esos oyentes no ven palabras en el aire cuando el emisor las emite, por ejemplo, yo estoy hablando y le digo a los oyentes la palabra "perro" las personas no ven el el aire una P una E una R otra R y una O, no, ellos no ven letras, al escucharme decir "Perro" ellos ven un perro en su mente, y lo más probable es que cada uno ve un perro diferente, tal vez usted vea el de su casa y yo vea al mío, ahora si yo sigo agregando palabras que describen a ese perro la imagen va cambiando en sus mentes, ya dejan de ver al suyo y comienzan a ver al que yo les estoy describiendo, imaginen que yo les digo "un perro grande, color negro, raza Doberman con una cadena plateada en su cuello, y con la cola cortada.... y qué pasa? Bueno ahora todos tenemos al mismo perro en la mente. Eso es lo que sucede con nuestras palabras, producen imágenes en quienes nos escuchan, y es por eso que muchos pasajes de la Biblia tienen la intención de llevarnos a prestarle la debida atención a lo que decimos. El Apóstol Pedro nos hace esta mención sobre la importancia de lo que hablamos, le invito a leerlo:

"No devuelvan mal por mal ni insulto por insulto. Al contrario, devuelvan bendición, pues Dios los ha llamado a recibir bendición. Porque: «Quien quiera amar la vida y pasar días felices, cuide su lengua de hablar mal y sus labios de decir mentiras;" 1 Pedro 3:9-10 DHH

Prestemos atención a esto que nos está diciendo, el Apóstol Pedro está dejando claro que si amamos la vida y deseamos pasar días felices entonces cuidemos nuestra lengua de hablar mal, de manera que según este pasaje los resultados de ver días buenos está determinado por lo que hablamos, y nos exhorta a refrenar nuestra lengua de hablar mal.

No tengo duda que muchas de las historias tristes que escuchamos en la vida de muchos creyentes es el resultado de su manera de hablar en los momentos de dificultades. Nuestro lenguaje debe ser transformado por renovación de entendimiento bíblico y así romper con hábitos de un hablar negativo. Yo he tenido la oportunidad de evaluar en muchos lugares al compartir con hermanos en la fe, su manera de hablar desde el mismo momento que se inicia el contacto a través de un saludos. Después de un "Dios te bendiga" o "bendiciones, cómo está usted? Allí se demuestra la condición de su corazón, lo triste es escuchar respuestas que dejan un mal testimonio de vida cristiana, he escuchado respuestas como estas: "aquí estamos como Dios quiere" o "aquí estamos llevándola, el Diablo dándome duro paro pa'lanteee" o "pal cielo aunque sea de portero" y eso se repite por días, meses y años sin tener cambios que demuestran el poder de Dios sobre sus vidas.

Otra característica común que observo es que hay muchos creyentes que disfrutan hablar de enfermedades, dolores y tristeza. Y les comparto una experiencia en una reunión de celebración cristiana, estábamos comiendo y al final uno de los servidores vino a nuestra mesa y nos ofrece las opciones de postres que tenían y estaban dos damas dentro del grupo de nuestra mesa y una le dice a la otra que no quiere el postre porque sufre de diabetes, la otra le responde que también tiene diabetes pero que por esa noche no va a despreciar ese postre, y allí se formó una conversación que parecía increíble escucharla de dos hermanas en la fe. La que no quiso el postre le dijo a la otra: - "es que mi diabetes es de la mala, mala y yo tengo que estar ahí, ahí con ella" entonces la otra dama le responde: - "tú crees que es más mala que la mía.? No manita, la mía es mala y traicionera y a mi se me une con mi problema de la presión alta" y la otra hermana creo que pensaba dentro de si, esta no va a a ganar a mi... y allí en aquella mesa pude ver a dos personas que profesan piedad pero que hablan de las enfermedades como parte de su legado, se las toman como propiedad privada, mi diabetes, la mía, en otras palabras, me pertenece y nadie me la quita.

Debido a esta realidad quiero animarle a que usted revise su vocabulario y si tiene algún parecido a lo que hemos mencionado, entonces refrene su lengua de hablar de esa manera y dispóngase a hablar como lo dice la Biblia.

Continuamos con este tema de lenguaje de fe, y voy a tomar otro pasaje escrito por el Apóstol Pablo en su carta a los Corintios:

Pero teniendo el mismo espíritu de fe, conforme a lo que está escrito: Creí, por lo cual hablé, nosotros también creemos, por lo cual también hablamos, sabiendo que el que resucitó al Señor Jesús, a nosotros también nos resucitará con Jesús, y nos presentará juntamente con vosotros." 2 Corintios 4:11-14 RVR1960

El Apóstol San Pablo escribiendo sobre este tema de la vida de fe toma su pluma y bajo la inspiración del Espíritu Santo escribe esta importante revelación y nos dice "teniendo el mismo espíritu de Fe" y eso nos recuerda que dentro del fruto del Espíritu es Amor, gozo y también Fe y otros seis más. Al leer que nos dice "tener ese mismo espíritu conforme a lo que está escrito", ahora que está escrito? Bueno allí está "creí por lo cual hablé" si nos preguntamos sobre qué hablamos, el texto nos dice que hablamos lo que creemos. Allí nos encontramos con este principio bíblico, lo que creemos es lo que debemos hablar. Si usted habla solo de dolor, tristeza, escasez, y tantas cosas negativas, eso demuestra lo que hay en su corazón. Creí por lo cual hablé, hablamos lo que que creemos, quiero preguntarle: Qué está hablando usted? Su respuesta demuestra lo que está creyendo.

Hay un escenario en la vida ministerial de Nuestro Señor Jesucristo que demuestra la importancia de nuestra fe demostrada en palabras, el relato lo tomaremos tal y como lo registra el Evangelista Marcos:

"Fue, pues, con él; y le seguía una gran multitud, y le apretaban. Pero una mujer que desde hacía doce años padecía de flujo de sangre, y había sufrido mucho de muchos médicos, y gastado todo lo que tenía, y nada había aprovechado, antes le iba peor, cuando oyó hablar de Jesús, vino por detrás entre la multitud, y tocó su manto. Porque decía: Si tocare tan solamente su manto, seré salva. Y en seguida la fuente de su sangre se secó; y sintió en el cuerpo que estaba sana de aquel azote. Luego Jesús, conociendo en sí mismo el poder que había salido de él, volviéndose a la multitud, dijo: ¿Quién ha tocado mis vestidos? Sus discípulos le dijeron: Ves que la multitud te aprieta, y dices: ¿Quién me ha tocado? Pero él miraba alrededor para ver quién había hecho esto. Entonces la mujer, temiendo y temblando, sabiendo lo que en ella había sido hecho, vino y se postró delante de él, y le dijo toda la verdad. Y él le dijo: Hija, tu fe te ha hecho salva; ve en paz, y queda sana de tu azote." Marcos 5:24-34

Como este es un relato bastante conocido, no se hace necesario mencionar muchos detalles, quiero ir a lo que compete al tema de este capítulo, solo quiero que veamos algo escondido en este relato, y es, lo que esta mujer enferma y desahuciada de los médicos decía, sí es importante no perder este detalle, el evangelista Marco tuvo que haberla escuchado hablar, es posible que mientras caminaba hacia Jesús, iba hablando, y lo que hablaba quedó registrado en la Biblia, ella caminaba y decía: "si tocare solo su manto, seré salva", el detalle que veo significativo es que ella no hablaba de la enfermedades, ni de los diagnósticos médicos, ni de su escasez económica debido a los gastos que había tenido, solo hablaba fe, su fe es demostrada por sus palabras, y el resultado de sus palabras de fe produjo la sanidad de su cuerpo. Jesucristo le dijo: "hija, tu fe (Fe expresada en palabras)... queda sana de tu azote".

Es mi deseo que estas verdades bíblicas se conviertan en su estilo de vida, que usted cambie su manera de hablar, aunque los pronósticos sean reales sobre su economía, sobre salud, sobre su matrimonio o familia, cuando este hablando con alguien, recuerde no hablar más de su situación, hable de su fe, déjele saber a quienes le escuchan que usted está creyendo que Dios hará un milagro, que el Señor puede cambiar a su cónyuge, que no hay puerta cerrada que Dios no pueda abrir, que sus hijos están en las manos cuidadoras del Señor, háblelo, repítalo, aunque no vea resultados inmediatos, pues su fe es fortalecida por sus propias palabras, de manera que le invito a que haga un compromiso con usted mismo, no voy a hablar nada que no me beneficie, no voy a contarles mis problemas a personas que no tienen la solución, voy a hablar de lo que Dios puede hacer y me prepararé que a partir de hoy son solo mis palabras, pero mañana será mi testimonio. Así que termino este capítulo diciéndole que a pesar de los pronósticos que escucho a mi alrededor, sobre si el próximo presidente de esta nación de Norteamérica es Donald Trump o Hillary Clinton, y además escucho mucha preocupación por si repite el partido Demócrata con el legado del presidente Barack Obama y también escucho preocupación por sí retoma el poder los republicanos bajo el liderazgo impredecible del Señor Trump, con todo eso a nuestro alrededor hay razones para traer preocupación, sin embargo nuestro estilo de vida está llamado a vivir por las palabras de Dios. Eso es lo que tenemos que hablar. Y le dejo este texto bíblico para que lo analice, pues fueron palabras dichas por Jesús en su ministerio terrenal:

"Porque de cierto os digo que cualquiera que dijere a este monte: Quítate y échate en el mar, y no dudare en su corazón, sino creyere que será hecho lo que dice, lo que diga le será hecho." Marcos 11:23 RVR1960

Así que creemos por lo cual también hablamos. Piénselo.

Capítulo Nueve

A Dios no le importa nuestra agudeza mental.

Creo que he vivido lo suficiente como para poder decir que uno de los enemigos al que nos enfrentamos en nuestro caminar por la vida cristiana es nuestro propio ego. En pasajes de las escrituras sagradas, conseguimos que un éxito ininterrumpido por un largo periodo, puede convertirse en un obstáculo para que la mano benéfica del Señor siga moviéndose a nuestro favor, y es posible que al leer esto le surjan preguntas, ya que sabemos que ningún éxito tendríamos sino fuera porque el Señor nos ayuda. Sin embargo al inicio de una promoción, o de algún logro importante, nuestra primera reacción es darle el crédito a Dios, pues sabemos sin lugar a dudas que Él está dándonos favor. Lo preocupante es cuando ese éxito se repite por periodos largos, entonces nos acostumbramos a eso y allí nos metemos en dificultades. Ese éxito prolongado nos lleva a pensar que somos nosotros, que es nuestra capacidad, nuestra astucia, que son esas habilidades que poseemos, las que nos han llevado a estar donde estamos.

Por experiencias de vidas y por historias registradas en los pasajes bíblicos, he llegado a concluir que Dios está más interesado en nuestro carácter que en nuestros dones, nosotros al contrario pensamos que si los dones están siendo usados y muchas personas están siendo beneficiadas a través de ellos, eso es una base suficiente para no prestar atención al carácter, a la vida personal nuestra, pues como dice un refrán popular, lo que está a la vista no necesita anteojos. A través del tiempo he podido descubrir que los dones sin carácter se convierte en un peligro para la vida de muchos. Es por eso que la palabra de Dios nos muestra a sus líderes, a grandes hombres de Dios con sus virtudes y talentos pero también con sus defectos y debilidades, eso nos lleva a entender que Dios no nos presenta a personas infalibles, a héroes sacados de la vida de Hollywood, a personas super capaces que tienen todo en orden, al contrario nos permite ver su lado oscuro, y allí está nuestra realidad, personas que amamos a Dios, que queremos hacer las cosas bien, que sabemos lo que nos conviene y lo que no nos conviene, y con todo y eso nos enfrentamos a muchos momentos de tentaciones, de debilidades, de flaquezas, y la principal razón de eso, es poder llevarnos a estar convencidos que sin la ayuda del Señor estamos derrotados. Nuestro Señor Jesucristo dijo estas palabras: "separados de mí, nada podéis hacer" Jn. 15:5

En este capítulo quiero llevarles a un escenario de las Sagradas Escrituras que nos permita tener un fundamento para nuestro andar diario, fundamento para nuestro estilo de vida, que no es otro que el vivir por fe. Para que nuestro yo, nuestro ego, sea doblegado, Dios permite que pasemos por episodios donde podamos quedar plenamente convencidos que nuestras capacidades humanas, sean manuales, numéricas, intelectuales o de análisis, se vean incompletas o inservibles. Y he llegado a concluir después de muchos momentos vividos por mí o por otros a quienes conozco de cerca su situación, que Dios se especializa en llevarnos de largos éxitos ininterrumpidos a repentinos momentos de desesperación. Si usted me pregunta a mi porque pienso que eso pueda suceder, creo que es para llevarnos a lecciones espirituales que difícilmente pudieran ser aprendidas de otra manera. He entendido después de meditar mucho en ello, que en los momentos en que descubrimos que nada de lo que sabemos, o podemos hacer, nos puede sacar de una situación difícil, es donde aprendemos que Dios, el Autor y el Dador de la vida quiere revelarse como nuestro ayudador, nuestro pronto auxilio en las tribulaciones. Veamos un ejemplo en la vida de un hombre que estuvo disfrutando de un éxito a otro éxito y que en esa temporada en la que mejor se sentía, Dios quiso llevarle a lecciones que usted y yo debemos sacar provecho de ellas, el pasaje se encuentra en el libro de Éxodo capítulo diecisiete, versículos 1-6:

"Toda la congregación de los hijos de Israel partió del desierto de Sin por sus jornadas, conforme al mandamiento de Jehová, y acamparon en Refidim; y no había agua para que el pueblo bebiese. Y altercó el pueblo con Moisés, y dijeron: Danos agua para que bebamos. Y Moisés les dijo: ¿Por qué altercáis conmigo? ¿Por qué tentáis a Jehová? Así que el pueblo tuvo allí sed, y murmuró contra Moisés, y dijo: ¿Por qué nos hiciste subir de Egipto para matarnos de sed a nosotros, a nuestros hijos y a nuestros ganados? Entonces clamó Moisés a Jehová, diciendo: ¿Qué haré con este pueblo? De aquí a un poco me apedrearán. Y Jehová dijo a Moisés: Pasa delante del pueblo, y toma contigo de los ancianos de Israel; y toma también en tu mano tu vara con que golpeaste el río, y ve. He aquí que yo estaré delante de ti allí sobre la peña en Horeb; y golpearás la peña, y saldrán de ella aguas, y beberá el pueblo. Y Moisés lo hizo así en presencia de los ancianos de Israel." Éxodo 17:1-6 RVR1960

Como ya sé que lo leyó conmigo, entonces miremos a Moisés como un mentor para nuestra vida cristiana y saquemos de este pasaje principios para nuestra vida de fe.

1.- Moisés viene con una agenda de victorias, la humillación del faraón, el hombre más soberbio de la época, el cruce del Mar Rojo en seco, ver al ejército egipcio morir ahogados en las aguas del Mar.

2.- Encontrándose en el desierto de Sin, donde disfrutaban de las palmeras y de las fuentes de agua, Dios les manda a salir de esa tranquilidad al un lugar llamado Refidim (quise saber geográficamente donde estaba ubicado Refidim y no lo logré encontrar, pues hay muchas informaciones que no coinciden, entonces decidí que no importa dónde quedaba el lugar, lo que importa son las lecciones que allí se aprenden)

3.- En ese nuevo lugar no había agua para que el pueblo bebiese, y la sed comenzó a convertirse en un problema para el líder Moisés.

Esos tres puntos arriba mencionados, que encontramos en el texto bíblico leído, nos demuestra que después de las grandes victorias obtenidas por Moisés, ahora repentinamente se encuentra en una situación crítica, ya que el pueblo está desesperado por la falta de agua y comienzan a murmurar contra él. Quiero que piense esto conmigo, que pudiera pasar por la mente de Moisés en estos momentos de ver al pueblo quejándose, nadie habla de sus victorias y éxitos anteriores, solo quieren que le solucionen su situación actual, creo que eso nos muestra la realidad de nuestra naturaleza humana. Moises ahora tiene solo un problema que solucionar, uno solo, y es producir agua, si así de sencillo, producir agua para un numeroso grupo de personas, con niños y ganados que mueren de sed. Y me atrevo a arriesgarme y dar mi opinión de esa instrucción de parte de Dios de moverse a ese lugar Refidim, y es llevar a Moisés que por su propia fuerza y capacidad solucione esa situación de sed. Moisés sabía que el problema era la sed del pueblo y sus ganados, y también sabía cuál era la solución de la situación, conseguir agua para que el pueblo bebiese, y es allí donde el Señor nos lleva para mostrarnos el límite de nuestras capacidades. Moises, tranquilo, es solo conseguir agua, más nada, sólo agua, y tal vez él sabía la fórmula, dos átomos de hidrógeno y un solo átomo de oxígeno (H_2O), si esa es la fórmula del agua, pero.... donde la consigo?

Qué les parece el método de Dios para enseñarnos a entender que sin el estamos perdidos. Que sin su ayuda no hay éxito total y permanente, la intención es que no nos creamos que somos lo máximo, que por mi se logró esto y aquello. Esa es la forma de Dios para mostrarnos lo limitados que estamos sin el.

Ahora que hemos comprendido esta primera parte de la lección, vamos de regreso al pasaje bíblico de Exodo 17 y veamos una segunda lección, y es la solución que Dios tiene para Moises. Después de el darse cuenta que no puede hacer nada, lo leyó bien, no puede hacer nada para saciar la sed del pueblo. Dios entonces si tiene la solución y se la dice a Moisés, aquí está: "He aquí que yo estaré delante de ti allí sobre la peña en Horeb; y golpearás la peña, y saldrán de ella aguas, y beberá el pueblo." Que le parece? Solo ve a la peña y golpéala y saldrán de ella aguas y beberá el pueblo, (y de nuevo mi mentalidad analítica hace su aparición, agua de la peña?). No cree usted que en una roca es el último lugar donde pensaríamos que encontraríamos agua, tal vez es más fácil aceptar el que se nos diga, sube la montaña y al otro lado de ella encontrarás un lago, y eso se acepta, pero dentro de una roca y solo golpeándola, nos vuela la mente, nos derriba toda lógica humana. Y así es que Dios nos enseña a creer, a confiar en el. A Dios no le importa nuestra lógica, él quiere mostrarnos su poder dejándonos claro que sus depósitos están en los lugares que nosotros menos nos imaginamos.

Dios en el libro de 1 de Reyes 17 nos muestra que El puede enviar carne a un siervo suyo que está muriendo de hambre, y enviarla de una manera que nuestra lógica es retada, Dios envía carne a Elías con unos cuervos, y a uno no le queda más que decir que Dios es especialista en doblegar nuestro ego, solo pensarlo nos deja confundidos, cuervos llevando carne para salvar la vida de Elias? el cuervo se le asocia con la muerte y su característica es comerse la carne, pero cuando Dios los envía no pueden tocar esa carne, pues ya no es para muerte sino para preservar vida.

Así que quiero que usted reciba esta palabra del Señor, la respuesta para su situación no se ve a simple vista, pero no olvide que los depósitos del Señor están donde menos nos imaginamos, El puede sacar agua de una roca, enviar carne con cuervos, traer monedas dentro de pescados y usar a un gran pez para que en su vientre transporte a una persona al lugar que Él le ha preparado. Al Señor NO le importa nuestra lógica, El hace las cosas como Él quiere.

Disfrútelo, descanse, adore, y crea esta verdad, no se de dónde vendrá mi respuesta, pero El si sabe de dónde la va a traer. Así que su vida, su matrimonio, su familia, su finanzas, está en las manos de aquel que tiene sus almacenes en lugares secretos para nosotros.

Capítulo Diez

Cuando toda esperanza humana termina.

Todos los seres humanos tenemos necesidades y especialmente necesidades emocionales, Yajaira, mi esposa, ha hecho una producción que me fascina la cual ella ha titulado "Un hueco en el vacío" allí ella expone la gran necesidad emocional que tienen algunas personas de recibir aprobación por parte de otros. Esto queda evidenciado por la gran popularidad que han tenido las redes sociales, al punto que hoy hemos tenido como resultado que debido a esa necesidad de aprobación, de ese "hueco en el vacío" se publican todos los días en las redes sociales cosas que no debieran exponerse al público, debido a que esas publicaciones compete a nuestra privacidad de vida, pero ese vacío los lleva a exponerse solo buscando recibir respuestas de personas sobre esa publicación. De ahí que nos encontramos con personas con un vacío tan profundo, que publican cada episodio de su día, la ropa que visten, la comida que van a comer, la ruta hacia al trabajo, y cualquier detalle sin importancia, solo buscando que le den un "me gusta" o recibir comentarios que les haga sentir aceptados, y hemos llegado al punto tan crítico de tener personas que sí reciben 50 likes, Me Gusta, ya, listo! ya hicieron el día con esos likes, ya se sienten bien; y yo sé que usted puede pensar que eso no puede ser cierto, que no es posible que las redes sociales determinan nuestra actitud emocional, pero a esas personas las atendemos en nuestra labor de ayuda y por eso le aseguramos que es cierto. Eso nos demuestra que estamos más interesados en la opinión de la gente que lo que diga Dios sobre nosotros.

Ahora con esta exposición tomada de la producción hecha por mi esposa, quiero asociarlo a nuestra fuerza espiritual y a nuestra capacidad para retener lo que Dios nos entrega. Lo que persigo con este capítulo es demostrar que de la misma manera como las redes pueden llevar a personas a determinar cómo sentirse emocionalmente, también pueden influenciar como sentirse espiritualmente. Y debido a eso conocemos personas que han sucumbido ante las pérdidas económicas, o bajo una mala situación matrimonial, sucumben ante situaciones en la que pudieron salir victoriosos. Como nuestro libro de texto es La Biblia, La Palabra de Dios, vamos a revisar pasajes que nos ayuden a entender que a pesar de las opiniones humanas, nosotros debemos disciplinarnos para llegar a estar en la dimensión de lo sobrenatural, es decir al mundo de lo no visible, y es fundamental trabajar en esto pues nos va a ayudar a enfrentar situaciones que salen del dominio de lo natural.

Leamos este pasaje del libro de Génesis:

"Y le dijeron: ¿Dónde está Sara tu mujer? Y él respondió: Aquí en la tienda. Entonces dijo: De cierto volveré a ti; y según el tiempo de la vida, he aquí que Sara tu mujer tendrá un hijo. Y

Sara escuchaba a la puerta de la tienda, que estaba detrás de él. Y Abraham y Sara eran viejos, de edad avanzada; y a Sara le había cesado ya la costumbre de las mujeres. Se rió, pues, Sara entre sí, diciendo: ¿Después que he envejecido tendré deleite, siendo también mi señor ya viejo? Entonces Jehová dijo a Abraham: ¿Por qué se ha reído Sara diciendo: Será cierto que he de dar a luz siendo ya vieja? ¿Hay para Dios alguna cosa difícil? Al tiempo señalado volveré a ti, y según el tiempo de la vida, Sara tendrá un hijo. Entonces Sara negó, diciendo: No me reí; porque tuvo miedo. Y él dijo: No es así, sino que te has reído." Génesis 18:9-15 RVR1960

En este pasaje podemos detectar que hay una situación específica en la vida de Abraham después de haber escuchado muchos años atrás la promesa de que sería padre de multitudes, para el momento en que recibe la promesa inicial había un pequeño problema y era que la matriz de su esposa Sara estaba estéril, ahora en el pasaje arriba mencionado sucede que hay un segundo problema y es que se agrega a la esterilidad de Sara el que ya Abraham ya esta viejo, ha perdido la fuerza viril masculina y es allí precisamente cuando Dios le dice que ha llegado el momento en que Sara su mujer le dará a luz un hijo.

Vamos a ser honestos en nuestra manera de ver y opinar en algunas situaciones similares a las que estamos leyendo en este pasaje bíblico de la vida de Abraham y Sara. Muchas veces nos encontramos con personas relacionadas con nosotros que se enfrentan a un cambio de salud, o un accidente automovilístico, una estafa a sus finanzas y muchas situaciones más, nosotros escuchamos el cuadro de la situación y entonces con nuestra limitada manera de ver las cosas pensamos internamente que aquí no hay nada que hacer, nuestra imaginación se eleva y terminamos de ver el cuadro final. Escuchamos lo que dicen los expertos y entonces toda esperanza humana se esfuma.

Eso es lo que sucede aquí con Abraham y Sara, ya viejos, esterilidad en uno y falta de fuerzas en el otro nos dice que no hay más nada que hacer.

Es risible que la misma Sara estando dentro de la tienda escucha las palabras que le están diciendo a su esposo Abraham y ella se ríe. Ahora por qué se ríe? Pues ella sabe su condición y conoce la del viejo Abraham y entonces dice para sus adentros, si no se pudo antes ahora menos. Y yo creo que todos podemos entender a Sara. Han pasado muchos años de espera en esa promesa y antes había posibilidades pero para este tiempo ya no hay nada que hacer. Y es allí donde el Señor quiere llevarnos, a donde nada parece tener solución, es donde ya el abogado dice que el caso está perdido, los contadores nos dicen que la bancarrota es inevitable, los médicos dicen que ya hicieron todo lo posible y no hay cambios, los prestamistas nos dejan saber que los números no dan y las esperanzas humanas se terminan. Aquí es donde comienza la lección. Siéntese y vea cómo Dios puede actuar a su favor. No olvide esto, cuando solo nos queda Dios, entonces descubrimos que sólo Dios es suficiente. Eso fue lo que experimentaron Abraham y Sara esa noche después de escuchar las palabras de los tres varones que vinieron a Abraham. Yo me imagino un escenario parecido a este. Abraham y Sara se acuestan como de costumbre y la promesa De Dios gravitando en el aire, "he aquí que Sara tu mujer dará a luz un hijo", yo creo que allí acostados como acostumbran, de repente el viejo Abraham comienza a sentir algo que hacía tiempo no sentía, y creo que se acercó a Sara y la abrazó y ella tal vez le diría: "pero qué te pasa, viejo" y esa misma noche bajo la promesa de Dios, le regresó la fuerza y la matriz de Sara cobró vida y un óvulo recibe un esperma de Abraham y el milagro ocurre. Aquí el hecho tal y como aparece en el libro de los comienzos, en Génesis capítulo 21:

"Visitó Jehová a Sara, como había dicho, e hizo Jehová con Sara como había hablado. Y Sara concibió y dio a Abraham un hijo en su vejez, en el tiempo que Dios le había dicho. Y llamó Abraham el nombre de su hijo que le nació, que le dio a luz Sara, Isaac. Y circuncidó Abraham a su hijo Isaac de ocho días, como Dios le había mandado. Y era Abraham de cien años cuando nació Isaac su hijo." Génesis 21:1-5 RVR1960

Toda la esperanza humana se había terminado y entonces allí es cuando Nuestro Dios Todopoderoso se complace en intervenir. Recuerde para Dios nada es imposible.

No quiero quedarme con solo este ejemplo bíblico del Antiguo Testamento, vamos a revisar un relato bíblico del Nuevo Testamento donde podemos extraer esta revelación dentro del ministerio terrenal de Nuestro Señor Jesucristo, el pasaje se encuentra en el Evangelio según San Juan capítulo seis, quiero que usted en este capítulo tenga el relato completo y allí tenga una base bíblica que le permita apoyarse para esperar que cuando todos los cálculos, opiniones y esperanza en el plano humano se terminan, entonces comienza la intervención Divina:

"Después de esto, Jesús fue al otro lado del mar de Galilea, el de Tiberias. Y le seguía gran multitud, porque veían las señales que hacía en los enfermos. Entonces subió Jesús a un monte, y se sentó allí con sus discípulos. Y estaba cerca la pascua, la fiesta de los judíos. Cuando alzó Jesús los ojos, y vio que había venido a él gran multitud, dijo a Felipe: ¿De dónde compraremos pan para que coman éstos? Pero esto decía para probarle; porque él sabía lo que había de hacer. Felipe le respondió: Doscientos denarios de pan no bastarían para que cada uno de ellos tomase un poco. Uno de sus discípulos, Andrés, hermano de Simón Pedro, le dijo: Aquí está un muchacho, que tiene cinco panes de cebada y dos pececillos; mas ¿qué es esto para tantos? Entonces Jesús dijo: Haced recostar la gente. Y había mucha hierba en aquel lugar; y se recostaron como en número de cinco mil varones. Y tomó Jesús aquellos panes, y habiendo dado gracias, los repartió entre los discípulos, y los discípulos entre los que estaban recostados; asimismo de los peces, cuanto querían. Y cuando se hubieron saciado, dijo a sus discípulos: Recoged los pedazos que sobraron, para que no se pierda nada. Recogieron, pues, y llenaron doce cestas de pedazos, que de los cinco panes de cebada sobraron a los que habían comido." S.Juan 6:1-13 RVR1960

Para no hacer muy complicado extraer los principios aquí encerrados quiero solo señalar que después que los discípulos dieron su opinión y vieron sus posibilidades y llegaron a la conclusión de que no hay suficiente, no se puede hacer nada y no alcanza; esa es la conclusión que los discípulos tienen de esta situación y es allí donde los quería ver el maestro, donde perdieron toda esperanza, y si usted se pregunta por qué digo esto? Le respondo, por favor no pierda detalle, lea conmigo el versículo seis: "Pero esto decía para probarle; porque él sabía lo que había de hacer".

Entonces vemos la intervención sobrenatural de Jesús y sabemos que el resultado fue totalmente opuesto al que veían los discípulos, si leyó conmigo los resultados fueron que comieron, se saciaron y sobró. Se los repito, comieron, se saciaron (ya no pudieron comer más) y sobró.

Con ese pasaje en mente usted puede estar seguro que el Señor Jesucristo siempre sabe lo que hace. Nada está fuera de su control. Niéguese a calcular, hoy descanse en su control.

Capítulo Once

Si puedes creer al que cree todo le es posible.

Cuando nosotros entramos en el tema de una clara comunicación, tenemos que reconocer que la capacidad que mostró Nuestro Señor en su ministerio terrenal es digna de premios, que hoy se entregan en nuestra sociedad actual. Cuando leemos en los Evangelios notamos que la capacidad pedagógica que Jesús mostraba dejaba a los más preparados eruditos de la época meciéndose sus barbas, a otros rascando sus cabezas y a otros exclamando que nunca antes habían escuchado a nadie hablar como este habla. San Mateo nos dice que cuando terminaba Jesús de hablar la gente quedaba admirada de su doctrina porque les enseñaba como quien tiene autoridad y no hablaba como los escribas o como los fariseos. Otro punto a destacar de la capacidad de comunicar que tenía El Maestro es que aun los niños eran atraídos por su personalidad y enseñanzas, las Sagradas Escrituras nos dicen que los niños corrían hacia El y dentro de sus enseñanzas tomaba a un niño en sus brazos para ilustrar la verdad enseñada, tomaba lo que estaba a su alrededor como ilustración para hacer más claro el tema tratado, usaba los lirios del campo, las aves de los cielos, la inscripción de una moneda y muchas cosas más, dejándonos apreciar su gran habilidad y las razones por la que le llamaban "MAESTRO".

Dentro de su vida terrenal y su labor ministerial se encuentra un pasaje que vamos a tomar y que nos va a ayudar a tener una mayor compresión en el tema que estamos tratando en este capítulo, me refiero al Capítulo nueve del Evangelio según San Marcos:

"Cuando llegó a donde estaban los discípulos, vio una gran multitud alrededor de ellos, y escribas que disputaban con ellos. Y en seguida toda la gente, viéndole, se asombró, y corriendo a él, le saludaron. Él les preguntó: ¿Qué disputáis con ellos? Y respondiendo uno de la multitud, dijo: Maestro, traje a ti mi hijo, que tiene un espíritu mudo, el cual, dondequiera que le toma, le sacude; y echa espumarajos, y cruje los dientes, y se va secando; y dije a tus discípulos que lo echasen fuera, y no pudieron. Y respondiendo él, les dijo: ¡Oh generación incrédula! ¿Hasta cuándo he de estar con vosotros? ¿Hasta cuándo os he de soportar? Traédmelo. Y se lo trajeron; y cuando el espíritu vio a Jesús, sacudió con violencia al muchacho, quien cayendo en tierra se revolcaba, echando espumarajos. Jesús preguntó al padre: ¿Cuánto tiempo hace que le sucede esto? Y él dijo: Desde niño. Y muchas veces le echa en el fuego y en el agua, para matarle; pero si puedes hacer algo, ten misericordia de nosotros, y ayúdanos. Jesús le dijo: Si puedes creer, al que cree todo le es posible. E inmediatamente el padre del muchacho clamó y dijo: Creo; ayuda mi incredulidad. Y cuando Jesús vio que la multitud se agolpaba, reprendió al espíritu inmundo, diciéndole: Espíritu mudo y sordo, yo te mando, sal de él, y no entres más en él. Entonces el espíritu, clamando y sacudiéndole con violencia, salió; y él quedó como muerto, de modo que muchos decían: Está muerto."

Marcos 9:14-26 RVR1960

Le invito a que nos enfoquemos en la conversación que hay entre el padre del muchacho y el maestro Jesús, y ahora nos vamos a olvidar de los discípulos. Al hacerlo así podemos sacar un gran provecho de esta porción de las Escrituras porque podemos descubrir principios de gran ayuda para nuestro vivir por fe. Prestemos atención de lo que el padre le está diciendo a Nuestro Señor, después que se le pregunta desde cuándo le sucede esto al muchacho, el padre le dice que eso le sucede desde que era niño y ahora presten mucha atención a esto que le dice el padre directamente a Jesús: "pero si puedes hacer algo, ten misericordia de nosotros, y ayúdanos".

Allí es donde podemos notar la capacidad de comunicación del Señor al escuchar esa declaración:"si puedes hacer algo", esa oración no se puede pasar por alto, ya que el padre está dejando la responsabilidad del milagro en Jesucristo y no en el como padre. Para explicarme mejor quiero solo tomar la expresión:"si puedes", ese "si" es condicional, en el Inglés se hace más fácil explicarlo, ya que en ese idioma el "si" condicional es distinto al "si" afirmativo. En el Idioma Inglés se usa el "If..." para demostrar que es condicional, pero cuando el "si" es afirmativo se usa "yes". De manera que el padre le está diciendo a Jesús que si tú puedes hacer algo, en otras palabras, no sé si tú puedes pero si tú puedes ayúdanos, ahora veamos lo que que Jesús le responde: "si puedes creer" ahora eso es tan claro, que de nuevo la capacidad de comunicación de Nuestro Señor queda en evidencia, al dejarle saber al padre del muchacho que el problema no es si El puede, que el verdadero problema es si tú crees. Allí está una de las enseñanzas más directas que El Señor entrega sobre el asunto de vivir por fe. Por favor mantenga en mente que lo que aquí se está tratando, no es si El Señor puede hacer algo, recuerde que El si puede, para El nada es imposible, así que el asunto de importancia en este relato, es que El Señor quiere dejar sobre la mesa que no es si el puede, el asunto aquí es, si tú crees, y allí El Señor agrega que para el que cree todo le es posible. Eso es capacidad de dejar las cosas claras, no hay zonas grises, ni medias verdades en las declaraciones, así que podemos darnos cuenta que cuando Jesús enseñaba sobre fe, no hacía ofertas engañosas, eso es comparable a cuando enseñaba sobre El mismo y decía: "Yo soy la puerta" no una puerta, no una opción entre varias, no, solo una. Así es su enseñanza de fe, no es si yo puedo, es si tú crees, pues al que cree todo le es posible.

Quiero extender esta verdad de fe, sobre este versículo ya que fui bendecido por un correo electrónico que se envía semanalmente del pastor Daniel González con un pequeño bosquejo de principio de éxito y que me ha servido para agregar a mis notas de púlpito, al correo que hago referencia dice el pastor Daniel González que esta verdad bíblica por lo general se aplica a los momentos en que nos encontramos en dificultades, ya sea de escasez, enfermedades o problemas de cualquier índole y allí aplicamos que todo es posible para el que cree, pero también podemos mirar que la implicación no sea solo para librarnos de problemas sino también para poder para lograr, alcanzar y dar algo, creer es poder.

Como consejero y Conferencista bíblico a los matrimonios y familias le dejo esta verdad, las batallas no se ganan rindiéndose, si usted cree que Dios está a su favor entonces para el que cree le es posible mantener su pacto matrimonial. Tal vez a lo que están a su alrededor no les sea posible creer que su situación tenga solución, pero este versículo nos dice que es para usted, para el que está creyendo. Si usted cree que Dios es su proveedor entonces por lo que usted cree, usted puede salir de las deudas y llegar a disciplinarse para lograr una nueva situación económica. Mientras usted lee este libro y especialmente este capítulo debe permitirle al Espíritu Santo que lo saque del estado de estancamiento en el que pudiera encontrarse y que le lleve a que esta declaración sobre fe, le mueva a nuevos proyectos. Si usted vive actualmente alquilado o rentado, crea que ha llegado su tiempo de comprar una casa, pues al que cree le es posible ahorrar para una inicial o adelanto. Recuerde al que cree todo le es posible. Nadie puede alcanzar algo en lo que no está creyendo.

En este mismo momento termine con un tiempo de oración pidiéndole al Señor que su fe le permita experimentar que todo es posible para el que cree. Al que cree, al que cree, que claro lo dijo Nuestro Señor Jesucristo, no es a otro, es al que cree, es a usted.

Es mi deseo que tú vida sea bendecida para poder recibir los resultados esperados pero dando los pasos de Fe adecuados.

Conclusión

Hace poco escuchábamos las promociones de las olimpiadas Río 2016, y ya han concluido dejando a los Estados Unidos de Norteamérica en el primer lugar, a Gran Bretaña en el segundo lugar y en el tercer lugar a China. Terminaron así las olimpiadas, y ahora que estoy escribiendo estas últimas páginas de este libro, los anuncios que dominan los medios, es la muerte del conocido cantante mexicano Juan Gabriel, la firma del proceso de paz en Colombia, (en la que mi me deja muchas dudas) y los resultados de las encuestas para las elecciones del 8 Noviembre 2016. Al mirar este diverso escenario de las noticias, me enfoco en que mi mayor deseo al escribir este tercer libro, es que más creyentes lleguen a ser parte de la estrategia de Dios, ser La Luz del mundo y ser sal de la tierra, es decir ser la alternativa en un mundo a la deriva. Todos estos capítulos fueron escritos con el deseo de que usted pueda ser afirmado sobre verdades bíblicas que sean funcionales. Los he escrito de una forma sencilla para darme a entender y ayudar a producir cambios, de manera que el enterarme que estas líneas le han servido, me harán sentir que este esfuerzo es recompensado. Eso es lo que me mueve a tomar este tiempo de mi vida y compartirles verdades de las

Palabra de Dios y que usted se afirme más fuertemente en la fe, y que Jesucristo sea más real para su vida y para los que le rodean.

Si esto es alcanzado entonces he logrado mi objetivo con este libro, cuyo objetivo principal es mostrar resultados palpables de lo que es vivir por fe.

Y quiero concluir con este texto de las Sagradas Escrituras que registran unas palabras dichas por Nuestro Señor Jesucristo:

"Entonces Jesús, mirándolos, dijo: Para los hombres es imposible, mas para Dios, no; porque todas las cosas son posibles para Dios." Marcos 10:27 RVR1960

Así que vivamos a la manera de Dios, vivamos por fe en su Palabra.

Otros libros escritos por el
pastor J. Antonio Massi.

Un libro de ayuda para su matrimonio.

!Adquiéralo ya!

Un libro con instrucciones precisas para su destino final.
!Adquiéralo ya!

Notas

Printed in the United States
By Bookmasters